西双版纳傣族

寺庙教育与学校教育共生研究

The Study on the Symbiosis Between Monsatic Education and School Education of the Dai in Xishuangbanna

陈　荟◎著

教育部人文社会科学研究规划基金项目『西双版纳傣族寺庙教育与学校教育共生研究』（项目编号：12YJA880008）

教育部人文社会科学重点研究基地重大项目「互联网＋」时代民族地区特色教育理论与实践模式研究」（项目编号：18JJD880007）

科学出版社

北　京

U0685369

内 容 简 介

本书通过对西双版纳地区独特天地人文系统的梳理，论述了傣族形成全民信仰南传上座部佛教的内在逻辑及其在傣族文化中的重要地位；然后，通过学校教育介入前后寺庙教育功能的变迁和两者对立冲突的原因分析，提出了民族地区多种教育形态共生理论，并对该理论进行了初步构建；在此基础上，又针对西双版纳傣族寺庙教育与学校教育间的具体问题提出了针对性的解决策略。

本书适合教育学、民族学、人类学、社会学等领域的教学科研人员，以及对傣族文化感兴趣的各类读者参阅。

图书在版编目（CIP）数据

西双版纳傣族寺庙教育与学校教育共生研究 / 陈荟著. —北京：科学出版社，2019.2

ISBN 978-7-03-060597-9

Ⅰ.①西⋯　Ⅱ.①陈⋯　Ⅲ.①傣族–佛教–寺庙–宗教教育–研究–西双版纳 ②傣族–佛教–宗教教育–学校教育–研究–西双版纳　Ⅳ.①G759.2

中国版本图书馆 CIP 数据核字（2019）第 034178 号

责任编辑：朱丽娜　刘曹苃 / 责任校对：何艳萍
责任印制：徐晓晨 / 封面设计：润一文化
联系电话：010-64033934
E-mail：edu_psy@mail.sciencep.com

科学出版社 出版

北京东黄城根北街 16 号
邮政编码：100717
http://www.sciencep.com

北京中石油彩色印刷有限责任公司 印刷

科学出版社发行　各地新华书店经销

*

2019 年 2 月第 一 版　开本：720×1000　B5
2019 年 2 月第一次印刷　印张：12 1/2
字数：238 000

定价：78.00 元

（如有印装质量问题，我社负责调换）

前言

　　一提到教育，人们脑海里首先闪现的就是由教师、学生、黑板、粉笔等组合而成的图像。其实，由这些图像组成的仅仅是众多教育类型中的一种——学校教育。学校教育并非人类教育的唯一类型，依据场域的不同，教育可分为学校教育、家庭教育、社会教育三大类，而每一类中又包含许多具体的教育形态。各种不同的教育形态之间只有做到优势互补，共同发挥作用，才能促进人的发展与社会的全面进步。

　　自然区划概念下的中国西南地区，北起青藏高原，南至广西壮族自治区北部湾，涵盖川、滇、黔、桂、藏、渝等六省（自治区、直辖市），几乎相当于中国总面积的 1/4。这片广袤而又神秘的土地，地理环境十分复杂，不仅为国内其他地区所没有，在世界上亦属罕见。青藏高原南缘的喜马拉雅山，海拔超过8000 米的山峰就有 10 座之多，超过 7000 米的更是多达 50 余座；而云南省的河口，海拔仅 70 米；到了广西的北海，海拔则为 0。从北到南，从世界最高屋脊一直到海平面，呈阶梯状分布着高原、山地、盆地、丘陵、平原等五种类型的地貌。地形地貌的垂直变化决定了气候的垂直差异。地处西南地区之北的西藏地区，东南温暖湿润，西北严寒干燥，整个藏区日照多、辐射强，气温低、温差大，大风烈、冬春干燥，气压低、含氧量少，干湿分明、多夜雨。地处西南地区中南部的云贵高原则受大陆季风的强烈影响，冬为旱季，夏为雨季，加之高山深谷纵横交错，或云雾终年，一年分两季；或终年如夏，一雨如秋；或四季明媚，一雨成冬。地处西南地区东南的广西壮族自治区又属亚热带湿润季风气候区域，纬度低、降水多、日照时数短、辐射少；夏长而炎热，冬短而暖和，干湿分明。常如俗语所说的那样，"一山分四季"，山下河谷挥汗如雨，山上则可见终年积雪的皑皑银峰。地形地貌的垂直变化及气候的垂直差异带来了植物群落的垂直分布。从西双版纳、瑞丽江畔、南海滩涂的热带雨林，一直到青藏高原的草甸牧场，形成了典型的阶梯形分布。①地形地貌的垂直变化造成了动植物群落的梯形分布，同时也影响着西南地区民族文化的分布形态，即西南地区的人民由于受到地理地貌、气候条件、动植物分布的影响，其生产生活方式存在较大差异，而建立在不同生产生活方式基础上的民族文化也呈现出丰富多彩的阶梯形的垂直分布的特点。据统计，中国西南地区已确定族系的民族就有 37 个，尚未确定的还有 10 余个，此外，还有 100 余个支系。②"五里不同俗，十里不同天"，这句俗语可以说是对西南地区自然人文的最好概括。

与此同时，受生产生活方式制约的教育也相应呈现出多样性特征。这些不同的教育形态在学校教育介入之前，曾发挥着现代学校教育的部分功能，在传承民族文化、促进社会发展中发挥了巨大的作用。比如在西南地区，在没有学校教育介入的情况下，许多少数民族生产生活经验的传承基本上是依靠父母言传身教的家庭教育和各种社会性集体活动的社会教育方式来完成的。由于性别不同，个人在家庭和社会上所要承担的角色不同，家庭教育一般是采取父亲教儿子、母亲教女儿的分工方式进行的，如建筑、修理农具、耕作技巧等都是由父亲教给儿子，纺织、家禽饲养、养育子女等方面的知识则是由母亲教给女儿；而社会教育则是通过各种集体性的生产和节日活动的方式来进行的，如在集体的生产活动中，晚辈向长辈学习生产方面的技能、技巧，而在各种节日活动中，晚辈从各种仪式、习俗中学会相应的社会规范。对于本民族的历史文化，有些无文字的少数民族就采取了传唱歌曲的方式加以传承，如土家族山歌，而这些具体的教育形态本身也是其所属民族文化的重要组成部分。

然而，现代学校教育介入后，其作为一种集中、系统、有专职教师、有计划、有目的、有组织的活动，在培养人和促进社会发展方面所发挥的巨大作用是前所未有的，加上相关法律政策的保障，使得许多民族地区出现了原有文化

---

① 张诗亚：《祭坛与讲坛——西南民族宗教教育比较研究》，昆明：云南教育出版社 1992 年 10 月，第 10-11 页。

② 张诗亚：《西南民族教育文化溯源》，上海：上海教育出版社 1994 年 9 月，第 10-11 页。

传承方式和民族教育形态的作用被大大削弱，甚至被完全取代的状况，它们原本所具有的可以弥补现代学校教育局限性的功能也随之削弱或消亡。但是，现代学校教育中存在的诸多问题，如统一要求、形式单一、脱离本地区和本民族生产生活实际、自身不可避免的时空局限性，以及其统一性与民族地区独特性之间的矛盾，使得许多少数民族的文化在学校中不但没有得到很好的传承，反而出现了传承危机。许多民族原有的教育形态对传统文化传承的巨大作用、积极的育人和社会功能与学校教育在这方面的有限性，以及学校教育，尤其是义务教育阶段学校教育的强制性和少数民族原有教育形态逐渐削弱、消亡间的问题，已成为当前民族地区的普遍问题。因而，如何处理民族地区少数民族原有教育形态和现代学校教育间的关系，已成为关涉民族地区教育和社会发展的一个重大问题。

西双版纳傣族寺庙教育与学校教育间的关系便是这一问题的集中体现。寺庙教育是西双版纳傣族的传统教育形态之一。在西双版纳傣族长期的历史发展中，南传上座部佛教及其寺庙教育与傣族人民日常生活的方方面面都有着密切的联系，并已成为傣族文化中最为重要的组成部分。西双版纳傣族的寺庙除了传播佛教信仰之外，还承担了传承傣族文化的任务；它不仅是宗教活动的中心，更是文化传播和民族教育的固定场所。可以说，西双版纳傣族的传统文化就是通过寺庙教育加以整合和传承的。随着社会的变迁和现代学校教育的介入，西双版纳傣族地区出现了寺庙教育与学校教育共存并共同作用于傣族社会的状况。而当前，两者却始终处于对立冲突的状态之中，尽管相关管理部门也制定了一系列政策，试图缓解两者间的对立冲突，但是这一状态不但没有得到缓解，反而进一步加强。那么，面对西双版纳傣族寺庙教育与学校教育对立冲突的现状，究竟应该如何正确看待两者的关系，并且化解两者的矛盾呢？本书的框架和内容正是基于对此问题的思考。

第一章为西双版纳傣族地区独特的天地人文系统。通过对西双版纳傣族地区地理位置、地貌特征、气候条件、自然资源等独特天地系统的梳理，论述了这一独特天地系统如何制约着当地农作物的生长和人们的衣食住行，从而在长期的发展中，形成了一套与之相适应的生产生活方式，并在此基础上分析了该地区的生产生活方式与南传上座部佛教间的关系。

第二章为学校教育介入前西双版纳傣族寺庙教育状况。主要从教育学的角

度，通过西双版纳傣族寺庙教育的场所、师资、内容、学制、教学方法、管理体制，以及功能的分析，梳理了学校教育介入前西双版纳傣族寺庙教育的基本状况。

第三章为西双版纳傣族寺庙教育与学校教育现状。分别通过对现代学校教育介入后，西双版纳傣族寺庙教育的现状和西双版纳学校教育发展历程的梳理及现状的实地考察发现：当前，西双版纳傣族寺庙教育出现了教育内容的窄化、寺庙生活方式的世俗化，以及寺庙教育管理松散等方面的问题；西双版纳傣族地区的学校教育则出现了学生初中的入学和升学积极性不高、"间歇性辍学"严重、学业成绩普遍较差、早恋现象严重、教师教学积极性不高、师生冲突时有发生、师资专业结构不合理等问题。同时，西双版纳傣族地区的寺庙教育和学校教育还在生源、时间、教学内容、学生人生观，以及和尚生身份上存在着对立冲突。

第四章为西双版纳傣族寺庙教育与学校教育对立冲突的原因分析。从西双版纳傣族寺庙教育与学校教育对立冲突的现状来看，其涉及的内容是多方面的。通过对西双版纳傣族地区政治、经济、文化等生产生活状况的实地考察发现，其原因主要包括经济优势带来的文化优越感和对他文化的排斥心理；相关政策向学校教育"一边倒"的倾向；学校教育传承傣族文化功能的有限性；学校教育有脱离实际的情况；寺庙教育的世俗化和管理上的松散状态等几个方面。

第五章为西双版纳傣族寺庙教育与学校教育对立冲突的应对策略。通过对"共生"概念发展历程的梳理，初步对民族地区多种教育形态共生理论进行了构建，并提出了其必须遵循相互尊重、相互适应、相互补充、相互促进的基本原则。在此基础上，依托民族地区多种教育形态共生理论，又从政府管理部门、学校、寺庙、家庭几个层面提出了西双版纳傣族寺庙教育与学校教育对立冲突的具体应对策略，主要包括政府管理部门要采取统筹规划的方式制定相关政策；学校也要落实佛爷与学校沟通的制度，加强教师队伍建设、吸纳部分"阿章"①到学校兼职，课程设置要满足西双版纳地区人民生存和发展的需要；傣族寺庙要加强寺庙的管理制度，改革晋升制度、提高佛爷素质，改革传统、允许女童入寺学习，扩展寺庙教育的内容，改革寺庙教育的教学方式；与此同时，西双

---

① 又称"波章"，主要由村寨里当过佛爷，懂得各种佛教礼仪、经文，学识渊博，并且德高望重的人担任。

版纳傣族学生家长也要增强文化自觉意识。

第六章为结语。通过对前文的回顾和总结，提出了当前民族教育研究中存在的文化单因素决定论、文化相对主义和地理环境决定论倾向，并对其进行了批判分析。

当然，由于本书所涉及的研究对象是寺庙教育，自然会与佛教，尤其是南传上座部佛教关系密切。在对相关问题进行思考之前，本人对佛教的相关知识了解甚少，虽在研究和撰写、修改书稿的过程中也阅读了大量的相关文献，并在成文时尽力做到表述上的精确无误，但由于本人学识有限，难免会有挂一漏万，甚至谬误之处。对于本书存在的问题，诚挚期望硕彦方家不吝匡谬。

陈　荟

2018 年 7 月 6 日

目录

第一章

西双版纳傣族地区独特的
天地人文系统

　　一提到西双版纳①，绝大多数人首先想到的是由碧绿的凤尾竹、各种热带植物、清澈的溪水、精致的竹楼、翩翩起舞的傣族少女和悠扬的葫芦丝所构成的一幅桃花源般的美丽图画。事实也的确如此。正是西双版纳傣族地区独特的地理地貌环境所形成的优越的生存条件，使其在长期的发展中形成了一系列与农业相关的生产生活方式，并在此基础上最终形成了农耕文化。农耕文化自身所具有的特性与南传上座部佛教的某些教义有着很大的相似性，加上当时统治阶层的大力支持，使得南传上座部佛教传入后很快被西双版纳地区的傣族人民所接受，并与本地区的原始宗教信仰、日常习俗相结合，形成了全民信教的状态，最终，又在长期的发展中与西双版纳傣族人民的日常生活紧密结合，成为傣族文化不可或缺的重要内容。因而，要了解西双版纳傣族寺庙教育存在的必要性和必然性就必须对西双版纳傣族地区独特的天地系统，其对傣族人民生产生活方式的影响，以及这种生产生活方式与南传上座部佛教的关系有所认识。

---

　　①　西双版纳，傣语原意为十二个田赋单位，后演变为十二个行政区。"西双"即十二，"版纳"即一千块田。具体参见征鹏，杨胜能：《西双版纳风情奇趣录》，昆明：云南民族出版社1997年3月，第3页。

第一节　西双版纳傣族地区独特的天地系统

西双版纳地处北回归线以南的热带北部边沿，受其地理位置和独特地貌特征而形成的气候条件的影响，该地区终年温暖，阳光充足，湿润多雨，是我国热带雨林生态系统保存最完整、最典型，面积最大的地区，也是当今地球上少有的动植物基因库，被誉为地球的一大自然奇观，是镶嵌在北回归线上的一颗绿宝石。

一、地理位置

西双版纳傣族自治州位于欧亚大陆东部——中国云南省的西南部。地处北纬 21°10′至 22°40′之间，东经 99°55′至 101°50′之间，面积约 1.91 万平方千米，属北回归线以南的热带湿润区。东西面分别与江城县、普洱市的思茅区相连；西北面与澜沧县为邻；东南部与老挝、西南部与缅甸山水相连，邻近泰国和越南，与泰国的直线距离仅 200 余千米。东距太平洋的北部湾 400 多千米，西距印度洋的孟加拉湾 600 余千米。[①]

二、地貌特征

西双版纳地区属滇南峡谷——横断山脉的南延部分，为无量山、哀牢山余脉之尾稍。澜沧江纵贯全州，往南流经缅甸、老挝、泰国、柬埔寨、越南而入太平洋，称为湄公河，是一条被誉为"东方多瑙河"的黄金水道。澜沧江在西双版纳的流程为 158 千米，将该地区分成两部分，即通常所称的"江内"（澜沧江以东地区）和"江外"（澜沧江以西地区）。

喜马拉雅运动形成了以澜沧江为中心的，由北向南、由两翼向中心递降而南部相对略低，具有缺口的似"马蹄形"地势，使西双版纳成为寒气难入易

---

① 征鹏，杨胜能：《西双版纳风情奇趣录》，昆明：云南民族出版社 1997 年 3 月，第 1 页。

出，没有台风肆虐的高原盆地，构成了独特的地貌特征。全州地势为西北高、东南低。总面积的 95.1% 是山地，其余是盆地。最高峰为勐海县的桦竹梁子，海拔 2429.7 米，最低点在澜沧江与南腊河交汇点，海拔 477 米，相对高差 1952.7 米。大部分地区海拔在 1500 米以下，西双版纳傣族自治州州政府景洪市区海拔仅 551 米。群山之间，沿澜沧江及其支流分布着 50 多个盆地，当地人称之为"坝子"。目前，还没有对"坝子"的明确定义，而在实际生活中，整个云南地区对"坝子"概念的理解十分宽泛，泛指散布于高原、山地中不同部位的相对平缓及低洼的地段，它的面积大到千余平方千米，小到不足 1 平方千米。[①]从地貌特征而言，西双版纳的坝区主要是由澜沧江及其支流共同沿澜沧江断裂带侵蚀堆积而成的，多为典型的断陷河谷坝，因而，其坝区内的土壤主要为砖红壤、赤红壤、冲积土和水稻土。[②]

三、气候条件

西双版纳因其独特的地貌特征，相对高差为 1952.7 米，使得其盆地的海拔高度从 500 米到 1200 米不等，气候差异也很大。但总体而言，西双版纳因地处北回归线以南的热带北部边缘，其气候类型为热带季风气候，山区为亚热带季风性湿润气候，终年温暖、阳光充足、热量丰富、湿润多雨（图 1-1）。年平均气温为 18～20℃，全州年降水量在 1200 毫米以上。由于有规律地受印度洋西南季风和太平洋东南季风的影响，西双版纳往往被认为一年只分为雨季和旱季两季。雨季 5 个月（5 月下旬至 10 月中旬），旱季则长达 7 个月之久（10 月下旬至次年 5 月中旬）。但是，按照西双版纳本地的划分，一般把一年分为三个季节：暑季（傣泐语称"拉鲁栾"），从 3 月到 6 月；雨季（傣泐语称"拉鲁分"），从 7 月至 10 月；寒季（或雾季，傣泐语称"拉鲁挠"），从 11 月至次年 2 月。因此，西双版纳地区的气候可以被描述为暖、雨和雾的更替。近六十多年来，随着森林面积的减少（1950 年森林覆盖率为 60%，现在则不到 30%），一些气候的变化趋势日益显著，如暑季的天气往往更热，而寒季则往

①　童绍玉、陈永森：《云南坝子研究》，昆明：云南大学出版社 2007 年 9 月，第 20 页。
②　谭乐山：《南传上座部佛教与傣族村社经济——对中国西南西双版纳的比较研究》，赵效牛译，昆明：云南大学出版社 2005 年 10 月，第 58 页。

往更冷，降雨和有雾的天数都在减少。①

图 1-1　在雨季被雨水冲塌的西双版纳公路

四、自然资源

受其地貌特征、气候条件的影响，西双版纳的坝子多属于湿热型低坝，此类坝子面积稍大，坝内地面有一定起伏，水热条件好，是低坝中条件最好的一种，习惯上称此类坝子为湿热河谷。因此，西双版纳的坝区多是云南所有坝区农业条件最优越的一类，是经济作物和热带特种经济作物最适宜发展的基地，多为复种指数较高②的粮食作物种植区，坝内热带季雨林、山地雨林等原始森林还有一定面积的保存。据统计，西双版纳地区有国家级自然保护区 360 万亩③，至今仍有 70 万亩保存完好的原始森林，是生物多样性保存最理想的地区④，在国内外享有"植物王国""动物王国""药物王国"的美誉，1986 年国家级自然保护区成立；1993 年被联合国教育、科学及文化组织（简称联合国教科文组织）接纳为生物圈保护区网络成员；1995 年被国务院公布为全国第一个自然生态平衡的生态州。坝内主要种植水稻、茶叶、甘蔗、花生、水果、橡胶等经济作物。

---

① 谭乐山：《南传上座部佛教与傣族村社经济——对中国西南西双版纳的比较研究》，赵效牛译，昆明：云南大学出版社 2005 年 10 月，第 7-8 页。
② 指一种农作物一年内可实现两熟、三熟，以及更多。
③ 1 亩≈666.667 平方米。
④ 童绍玉，陈永森：《云南坝子研究》，昆明：云南大学出版社 2007 年 9 月，第 37 页。

西双版纳是享誉世界的"普洱茶"的故乡之一，种植茶树已有 1700 多年的历史，拥有六大古茶山：曼庄、曼撒、易武、倚邦、革登、攸乐。明清时茶叶商贸盛极一时，"商旅充斥，马帮塞途"是其真实写照。在勐海县的西定乡巴达贺松大黑山发现了有 1700 余年树龄、直径近 1 米的"茶树王"。现在，全西双版纳仍分布有近 30 万亩茶园。西双版纳的自然环境为发展农业提供了优良的条件。坝区稻谷可一年两熟，全州已建起 16 个水稻生产基地，粮食总产量保持在每年 30 万吨以上。西双版纳种植橡胶最早在 1947 年，1956 年后得到大力发展。全州橡胶种植面积为 187.14 万亩（其中由私人经营种植的橡胶园面积为 90.98 万亩），开割面积为 104.67 万亩，年产干胶 12.35 万吨，平均亩产干胶 101.4 千克，已成为我国第二个天然橡胶基地。

第二节　西双版纳傣族地区独特的天地系统对其生产生活方式的影响

任何一个民族所处的地理位置、地貌特征、气候特点和自然资源都会对该地区人民的生产生活方式产生一定的影响，决定该地区农作物的生长，同时制约人们的衣食住行。尤其是一些在生产中现代科学技术运用较少的地区，自然环境对生产生活方式的制约作用就更为明显。西双版纳傣族人民在独特的地理地貌、气候环境所形成的优越的生存条件下，在长期的发展中，形成了一套与之相适应的生产生活方式。

一、西双版纳傣族地区独特的天地系统对其生产方式的影响

由于西双版纳地处北回归线以南的热带北部边缘，虽属云贵高原地带，但并非都是连绵不绝的崇山峻岭，而是沿着澜沧江东西两侧及其支流，在群山之间分布着大大小小 50 多个被当地人称为"坝子"的盆地。平坝由群山环绕，在整个云贵高原上地势较低，气候属于亚热带类型。这使得西双版纳地区终年温暖、阳光充足、热量丰富、湿润多雨、终年无雪，全年无明显的四季之分，

只有旱季和雨季之别。年均气温为 18~20℃，全州年降水量在 1200 毫米以上。坝内江河密布，沟渎纵横。这些由澜沧江及其支流冲积成的平坝，大都土壤肥沃、舟楫方便、灌溉便利，宜于水稻和多种热带经济作物的种植。

良好的土地、气候条件，使得西双版纳傣族地区有着优越的农业生产基础。傣族先民很早就开始种植稻谷，如今，人们仍可在西双版纳山野里不时发现成片野生稻，因而，素有"滇南谷仓"的美称。水稻种植的悠久历史、技术特点、经营管理经验、在社会经济中的地位等都对西双版纳傣族的文化生活、社会发展产生了深刻的影响，并形成了一系列与稻谷有关的文化习俗。同时，高山气候也为西双版纳提供了种植茶树等经济作物的条件。[①]

也正是基于西双版纳傣族地区独特的天地系统，当地的农具都具有小巧的特点：小犁、小耙、小锄、小箩筐等（图1-2），这都是由该地区气候炎热，劳动容易使体力消耗大，并且土壤松软，适合使用小农具进行生产劳动等地理地貌特征和气候特点所决定的。

图 1-2　小巧的傣族农具

---

① 刀承华，蔡荣男：《傣族文化史》，昆明：云南民族出版社 2005 年 6 月，第 2 页；谭乐山：《南传上座部佛教与傣族村社经济——对中国西南西双版纳的比较研究》，赵效牛译，昆明：云南大学出版社 2005 年 10 月，第 7-8，58 页。

二、西双版纳傣族地区独特的天地系统对其服饰的影响

傣族有"傣那""傣雅""傣泐"之分，由于所属傣族支系的不同，地理条件和文化习惯稍有差异，不同傣族支系的服饰也相应有所差异，不同的装饰代表着其支系的服饰文化。西双版纳傣族主要属于傣泐，其服饰与当地的自然环境密切相关。西双版纳地区的地理、地貌、气候等自然条件影响和制约着傣族服饰面料、色彩和形制的选择。由于西双版纳傣族地区地处坝区，地势低洼潮湿、天气炎热、雨量充沛，与这些独特的自然条件相适应，傣族人民多选用简单、轻薄、色彩浅淡、易干透气散热的衣料，并喜欢穿凉鞋或拖鞋。

（一）傣族男子服饰

一般而言，各地傣族男子的服饰差别不大。早年的地方志中大多记载为"男子衣对襟，或大襟短衣""头缠布巾，喜挂背袋，带短长刀，冷时披帷巾"。现在，传统的傣族男装，仍然多为无领对襟窄袖上衣和宽腰无兜长裤，用粉红色、青色或白色头巾包头，保留着从前"衣对襟""头缠布巾、喜挂背袋、带短长刀"的特点，但衣料已很少再用自织土布。近年来又出现了有领对襟或大襟的小袖衫。然而，随着社会的发展和文化的变迁，当前各类西装和休闲装已成为傣族青少年男子的日常装束。

傣族男子一般不戴饰物，却有文身和金齿的习俗。文身绣脚，即在身上、腿上刺纹（图1-3）。民间有谚语说："蛙腿尚有花纹，男人之腿怎可没有花纹。"文身的由来，民间传说颇多，其中有一个传说传播较为广泛：

　　传说古时水中有被称为"批厄"的水怪，时常危害捕鱼、捞虾之人。人们因惧怕"批厄"而不敢下河。有个叫岩比节的穷人，为赡养多病的老母亲，不顾安危下河捕鱼，结果，捕获了一条由龙王幼女变成的鲤鱼。龙王为救幼女派大臣到人间营救，岩比节得知鲤鱼是龙女所变，便当即决定亲自将其送回龙宫。入水之前，龙宫来的大臣在岩比节腰上、身上画了一些花纹，然后带其入水。水中"批厄"见状，畏而逃之。后来人们纷纷效仿，在身上刺纹以避"批厄"。

这一传说与《汉书·地理志》所载"断发文身,以避蛟龙"相符。

图1-3　傣族男子的文身习俗(手部)

旧时,所有傣族男性都以文身为荣,身上不刺纹者,被认为人格低下,不如水中青蛙,会被姑娘们视为懦夫,很难娶到老婆。昔日的傣族男子一般在十四五岁时行文身俗,身上无纹者罕见。受刺部位一般都会红肿发炎,十几日后方能恢复。由于刺纹极为疼痛,幼年时先刺手臂,以后再逐渐刺腿、臀、腰、背……直至刺完拟刺的所有部位。文身图案极多,有刺龙、虎、麒麟、凤凰等吉祥动物的,有刺鱼鳞状的,有刺蕨叶状的,有仅刺傣文字母的。无论哪一种都暗寓某种"咒语"于图案内,或用其避邪,或用其防身,或用其防病。现在,傣族男子已经很少有人再去做全身性的文身了,而且,文身也已经失去了其作为衡量傣族男子勇敢与否的标准。但是,目前这一习俗仍有遗留,只不过仅是自己随意在手腕或胳膊上刺一些简单的吉祥图像或文字,已失去了其最初的意义。

金齿,是用金片镶齿。其俗如《马可波罗行纪》所述,"每人齿上用金作套如齿形,套于齿上,上下齿皆然,男子悉如此,妇女则否"[①]。以金饰齿,最先为男子所为,后发展至妇女也为之(图1-4),青壮年男女尤为喜爱。以金饰齿,多饰上下门牙,既为显示美丽,也为显示富有。如今,傣族青年男女多以齿白为美,很少有金齿的做法了,只能在一些老人的身上还可见到金齿的习俗。

_____

① 〔意〕马可波罗:《马可波罗行纪》,冯承钧译,上海:上海书店出版社1999年12月,第293页。

图1-4　傣族老人的金齿习俗

（二）傣族女子服饰

傣族女子的服饰，因地区、支系不同而异，往往有较大差异。西双版纳的傣族以傣泐支系为主，女子服饰的基本结构是上衣下裙。传统的服饰主要分为三种："色麻邀""色嗨""色绒"①。虽然在一些细节上各种式样的服饰有着许多差异，但是，总体而言傣族女子服装主要是上着紧身短衫，下穿折叠彩色筒裙，长及脚面，并且衣料多采用丝、棉、麻等织物织成（图1-5）。西双版纳

① "色"是衣，"麻邀"是拴住腰的意思。多用自织土布缝制，也有用丝绸缝制的。对襟、小领（类似小西装领）、长袖，衣长及腹部，上部贴身。这种衣服的最大特点主要体现在衣服的后片上。后片分为四个部分：领口至腋下为第一部分；腋下至上腰部为第二部分；上腰部往下延5厘米左右为第三部分，这一部分长约33厘米，酷似一条腰带；"腰带"以下为第四部分——衣摆。第一部分和第二部分的接缝处嵌饰五条月牙花边；第二部分有特意缝出的七条线纹，三条在中间，垂直贯通这一部分衣片，左右从腋下至"腰带"各有两条斜纹，构成倒梯形，使腰身显得很窄小；衣摆与"腰带"衔接时，在左右两端打褶。这样的衣服穿在身上时，腰部紧紧收拢，腰侧仿佛翘着两个会随时摆动的屋角形翘膀，从背后远看就像拴着一条腰带收束着腰部，把苗条的身材充分展示了出来。"色麻邀"下配筒裙，颜色与衣服相同，用彩锦或花布缝制，穿时系银腰带。20世纪60年代以前穿"色麻邀"的人较多，现在除上年纪的人外，一般已很少有人穿。"色嗨"即贴身的小衣裳。窄而短，正面扣纽扣，很密；用两根细带将衣裳吊挂在肩上，露着肩、臂；用清、薄、凉快的料子制成，襟边、领口、吊带均用鲜艳美丽的花边镶饰；双兜，一般将贵重的小物品珍藏在这贴身的小兜里。"色嗨"既可以穿在外衣内，热时又可单穿，既凉快又俏丽，穿时下配筒裙，其形式与上述筒裙相同。"色绒"即有衽上衣。短袖，或者窄长袖、无袖，暗扣，无领或小领，领口形状多样，有的还加上绲边；衣长及脐，较短；下配筒裙，筒裙或加各种花边，或打褶，在裙脚加绲边，用料艳丽，色彩多样。"色绒"主要是年轻女子穿。具体内容参见玉腊：《百彩千辉——云南民族服饰》，昆明：云南教育出版社2000年12月，第89-90页。

时下的傣族女装，虽然也保留着昔日"上短衣、下长裙……裙长及地"的传统，但已革除了"不御内裤"的古俗。衣裙款式在吸取传统服饰精华的基础上，朝着优美、亮丽淡雅、柔薄的方向发展。衣料多选用薄而柔软的乔其纱、的确良或丝绸缝制。

图 1-5　傣族年轻女子服饰

　　昔日，傣族妇女有漆齿①的习俗。漆齿实为染齿，古书上记载为"多系妇女所为"。古时傣族女子成丁之时，都要三五相约结伴染齿，不经染齿者不能公开参加社交活动。漆齿，既是古时成人的标志，也是防治齿病的一种方法。经卫生部门调查，凡有漆具之举者，极少有患龋齿病者。

　　旱季时人们穿得很少，尤其是女子，上身穿较小的胸衣，露着肩臂和上背，常将筒裙拽至膝盖上部，图个凉快，因此人们开玩笑说"两拃布做件衣

---

　　①　古书上记载为"多系妇女所为"。染齿前夕，需预先吃些酸性水果，或用酸汁涂抹一遍牙齿，让牙齿有"酸酥"之感时，再点一束松明，让松脂滴在瓦块或木片上，再用熏烟进行刮染，连染数日，直至将雪白的牙齿染成墨黑之色。成年妇女为加深牙齿的黑色，往往要咀嚼以栗树嫩尖、芦子叶、石灰、旱烟末等配制的"槟榔"。以其红色汁液，将牙齿染成紫黑色。

裳，三拃布做条裙子"，以此来形容衣服小巧简单，不需用多少料子大剪大裁。不过，简洁与单薄并不是傣族服饰的全部，傣族服饰适应环境气候的特征不仅表现在对炎热的适应上，还表现在对雨多雾大、水流纵横、潮湿、蚊虫扰人等环境因素的适应上。傣族大多居住在水边，从事水田作业是生活的主要内容。因为几乎每天都要下水劳动，女子穿筒裙，可在做农活期间将裙子向上提起，把裙角掖于腰间，极为方便（图1-6）。中间休息时，为了防寒避潮又可将裙子放下。与此相对应，傣族男子的服饰也有相应的特征：傣族男子裤管较为肥大，正午时，可将裤管卷起来，或者把两只裤脚向上提到胯部，用一根带子把它固定起来，宛如将长裤变成了短裤，穿着凉爽，干活走路也很方便。

图1-6　把裙角掖在腰间的傣族妇女

　　为遮挡烈日的照射，西双版纳傣族女子出门或带竹篾帽、草帽，或用棉质大毛巾包头；在栽秧时，为防止能钻入头发的黑色小蠓虫叮咬，他们用大毛巾把头和脖子上半部严严地包裹起来，只露出眼睛、鼻子、嘴，既免除了虫害，又抵挡了阳光（图1-7）。由于栽秧季节田野间的风较为猛烈，这样装束倒也不会感到十分炎热。大毛巾还可以用来对付寒热不均、气候突变的情况，随时解下做披肩。女子披毛巾，男子披棉毯在西双版纳地区较为普遍。身披毛巾、棉毯，一是方便，易随天气的冷暖而临时决定披与舍，西双版纳雨季昼夜温差较大，即使是白天，一场雨过后气温也会骤降，而太阳一出来又将变得十分炎热；二是可以依冷暖程度掌握披缠的松紧，比固定形状的棉衣、夹衣更灵活。①

图1-7 用大毛巾包头的傣族妇女

三、西双版纳傣族地区独特的天地系统对其饮食的影响

西双版纳傣族受各种因素的影响，其主食为稻米，酸、辣、香为菜品的主调，茶和酒也是西双版纳傣族饮食中不可缺少的组成部分。

（一）以稻米为主食

西双版纳地区的傣族人民，一日三餐都以米饭作为主食，以鱼类、肉类、蔬菜类食品作为佐餐之用。除此之外，他们还以稻米为主要原料，加工制作出品种繁多的食品，如傣族春节前家家户户都要做的糯米粑粑，清明节食用的黄米饭、竹筒饭、叶子包粑粑（又名泼水粑粑）、油炸荷叶边粑粑、毫滇、毫崩、芭蕉叶包油米粉、糯米饭包青苔、烤饭饼、扁米饭、毫西利翁、油炸酥籽饼、千层年糕、糯米芭蕉、粽子、紫米饭、凉粉、饵丝、米线等。此外，傣族还善于用稻米作配料腌制食品，如用稻米腌制酸腌菜、酸鱼鲊、酸肉鲊等。

傣族用稻米加工制作的食品种类之多，味道之独特、可口，只要尝过，没有不承认的。可以说，稻米既是傣族的主食，又是傣族的副食，还是傣族腌制食品的重要配料。善于用稻米是傣族饮食文化的一大特色，稻米在傣族的饮食文化中占据着重要位置。②

---

① 玉腊：《百彩千辉——云南民族服饰》，昆明：云南教育出版社2000年12月，第7-8，94-95页。
② 刀承华，蔡荣男：《傣族文化史》，昆明：云南民族出版社2005年6月，第92页。

（二）以酸、辣、香为菜品的主调

首先是酸。傣族用酸笋、干腌菜、酸菜水、酸醋、多依（楂子果）、酸荌、酸木瓜、柠檬汁等多种原料，制作出多种酸味食品。用酸笋烹制酸笋煮鸡、酸笋煮鱼、酸笋煮肉、酸笋煮排骨、酸笋煮豇豆、酸笋煮杂菜等；还用酸笋和各种肉类或蔬菜类混合烹炒，如酸笋炒牛肉、酸笋炒猪肉、酸笋炒泥鳅、酸笋炒螺蛳肉、酸笋炒空心菜、酸笋炒青豆米等；还有用酸菜水、柠檬汁等配制的各种凉拌菜。这些菜同时配以辣椒等调料，使之酸辣可口。如傣族的一道特色——番茄南泌[①]，即用番茄做的酱，就是傣族饮食中"酸"的代表。

其次是辣。傣族在食用一些清淡食品时，多用配以酸辣调料制作的蘸水，用来蘸着吃。辣椒更是烹炒菜品中不可缺少的一个重要辅料。

最后是香。傣族喜欢吃烧、烤、炸的食品，在制作时，辣椒、姜、葱、蒜、花椒、八角（大料）、香茅草、香菜、薄荷等都是不可缺少的辅料。如香茅草烤鱼、烤鸡、炸香蕉、炸青苔、炸牛皮、炸蚂蚁蛋、炸竹虫等。傣族饮食的酸、辣、香不是分开的，而是每一道菜都体现着这三个主调。以酸为主的菜品中少不了辣，以辣为主的菜中也少不了酸的存在，而每一道具有酸辣特点的菜品都是香气四溢的。

（三）茶和酒是不可缺少的组成部分

西双版纳傣族有饮茶的习惯。茶在其生活中占有举足轻重的地位（图1-8），在各种活动中都是必不可少的物品之一。闲暇时要喝茶，招待客人要用茶，天气炎热胃口不好时还用茶水泡饭吃。除了喝茶之外，还用臭灵丹、香茅草、柠檬叶等泡开水喝。

酒当然也是傣族饮食中不可缺少的一个重要组成部分。平时，傣族人就很喜欢喝自家酿制的米酒，每天晚上傣族男子都要两三一伙、四五成群地聚在一起喝上几杯，即使一人独自在家也要自斟自饮几杯，遇到重大节庆之日，更是不醉不休。

---

① 制作时，将番茄放在火炭上烧熟，撕去皮，放在碗里，加上葱、蒜、辣椒、芫荽、盐等佐料。用研舂捣细拌匀即可食用。其味酸辣清香可口，用来蘸炸牛皮、薄荷、苦笋等菜，味道甚佳。具体参见刀承华、蔡荣男：《傣族文化史》，昆明：云南民族出版社2005年6月，第93页。

图 1-8　西双版纳茶叶种植

（四）西双版纳傣族独特饮食的成因

由于西双版纳地区土地肥沃，气候适宜水稻生长，该地区虽然在理论上可种两熟和三熟稻谷，但是，由于一季所产稻谷足够傣族普通人家一年一日三餐所需，且往往还有大量剩余，所以，该地区实际上一般只种植一季稻谷。同时，稻米的剩余为傣族以稻米为主料和配料的各种小吃食品制作提供了条件，并形成了许多与稻米有关的饮食文化。在西双版纳地区主要种植糯稻，所以，日常以糯米为主食，辅以粳稻及紫糯。而在德宏地区，由于气候条件稍有差异，该地区主要种植粳稻，因此，其主食为粳稻，糯稻为辅。也正是由于西双版纳傣族居住的区域内河流纵横，沟渠密布，水生物成了傣族的主要食源之一。如香茅草烤鱼、炸青苔、各种黄鳝菜品等，都是具有浓郁傣家特色的风味食品。也正是因为西双版纳傣族居住地区较为湿热，各种动物及昆虫较多，所以，傣家人捕之为菜的种类亦较多，如炸竹虫、酸蚂蚁蛋、炸蜂蛹等。

此外，在西双版纳傣族的饮食中，酸、辣、香成为其菜品的主调，西双版纳傣族人民对辣椒、姜、葱、香茅草、蒜、金芥、薄荷等佐料和各种腌制的酸味食品情有独钟。这种对辛辣、酸性食品的嗜好，与其所处的气候环境有着极大的关系，由于西双版纳地区天气较为潮热，人们易得一些相关疾病，而辛辣和酸性的食品不仅有杀菌解毒、解潮祛湿的功效，而且能刺激胃液分泌，帮助消化，恰好可以应对西双版纳地区的潮热天气对人身体的危害。

傣族的饮品主要是茶与酒两种。稻米作为主食后仍有大量剩余，这为用稻米酿酒提供了条件。在西双版纳傣族地区，家家都会酿酒，也都存有用稻米酿造的米酒。由于西双版纳地区气候潮湿闷热，酒就成为人体必不可少的驱湿剂。除了酒之外，西双版纳地区还多产红茶，是普洱茶的发源地之一。之所以红茶会在此地发源并盛行，也主要是由于当地人经常食用辛辣和酸性的食品，在开胃的同时，也容易刺激胃，带来一些相关的疾病，而普洱茶则可以缓解各种酸辣食品对胃的刺激。①

四、西双版纳傣族地区独特的天地系统对其建筑的影响

西双版纳地区的傣族民居建筑主要是干栏式建筑，这种建筑样式也是傣族人民适应其独特天地系统的结晶。《魏书·僚传》记载："僚人，依树积木以居其上，名曰干栏，干栏大小，随其家口之数。"《唐书·南平僚传》记载："土气多瘴疬，山有毒草及沙蛩蝮蛇，人并楼居，登梯而上，号曰阑。"②李京《云南志略》载："金齿百夷，风土下湿上热，多起竹楼，居濒江，一日十浴。"③《景泰云南图经志书》记孟养宣慰司傣族："其土下湿，夜寒昼热，多濒江为竹楼以居。"此书还记姚州傣族："黑齿④百夷，居于大姚县苴却乡，其地下潦上雾，四时热毒，民多于水边构楼以居。"

西双版纳从古至今都保留着典型的干栏式建筑风格，为单幢建筑，各家自成院落。建筑高约八九米，面积约60～100平方米，上层住人，下层四周并无遮拦，用作圈牲口和存放杂物。上层一般分正房、走廊、晒台三部分。正房又分割成两室，内室是主人的卧室或存放重要钱物的地方；外室相当于会客室，是接待客人的地方。外室的左上角，亦即与走廊一壁相隔的部位，置一火塘，用于煮饭、烧水、取暖。走廊正面与楼梯相连接，左右与正房和晒台相通，是进出正房和晒台的必经之道，一般家庭都设有长排靠背椅，既是走道，又可作休息、接待客人之用。晒台露天，是洗晒衣服、摆置水罐、洗脸脚的地方⑤，其屋顶大多数选择坡度较大的单檐歇山式⑥。

---

① 郑晓云：《傣族的饮食文化》，出自王懿之，杨世光：《贝叶文化论》，昆明：云南人民出版社1990年4月，第663-665页。

② 转引自刀承华，蔡荣男：《傣族文化史》，昆明：云南民族出版社2005年6月，第68页。

③ 转引自江应樑：《傣族史》，成都：四川民族出版社1983年12月，第579页。

④ 又称为漆齿，实为染齿。

⑤ 岩峰：《傣族文化大观》，昆明：云南民族出版社1999年9月，第416页。

⑥ 赵世林，伍琼华：《傣族文化志》，昆明：云南民族出版社1997年6月，第91页。

随着社会的发展，西双版纳傣族的民居建筑也在不断改进之中，以前"以竹为墙、以草覆之"的第一代建筑，后来大多已改为"以木为墙、以瓦覆之"的第二代建筑（图1-9），即房柱、横梁、围壁、楼板等都改用木质材料，房顶盖瓦。并且，当前西双版纳傣族许多地区都已出现了砖瓦、钢筋混凝土结构的干栏式民居，为第三代傣族建筑（图1-10）。虽然西双版纳傣族建筑的材料不断发生着变化，但是，其整幢房屋的基本构造和格局并没有发生太大变化。以钢筋混凝土为材料的傣族干栏建筑，虽也在原本"四无遮拦"的底层加盖了房间，但并不住人，仍沿袭传统，放置杂物。

图1-9　第二代傣族传统民居　　　　图1-10　第三代傣族传统民居

西双版纳傣族之所以以干栏式建筑为民居的主要原因是：傣民族自古皆近水而居，地面潮湿，瘴气严重，且有毒蛇、猛兽、虫子等侵扰，住干栏式建筑之上层可避潮湿，又可防止野兽侵害，相对安全、舒适，而且具有通风凉爽的特点。傣族分布区域盛产的竹木、茅草为傣族先民建筑住所提供了便于使用的物质材料。在具体构造方面，西双版纳傣族民居之所以采用歇山式四面坡屋顶，房顶有人字形木构架承载，脊短坡陡，重檐居多，屋面组合交错①，主要就是为了适应西双版纳雨水较多的气候环境，陡坡有利于使雨水快速下滑而不至于在屋顶储存太长时间，缓解了对屋顶的压力；之所以"重檐居多"是为了既让房屋透风，以防潮湿，又使雨水不能直接灌入房中而

---

① 杨庆：《建筑文化——解读云南各民族的象征型艺术》，出自杨寿川：《云南特色文化》，北京：社会科学文献出版社2006年5月，第321页。

建，同时也可防止阳光直射，以达到最大的遮阴和散热效果。此外，西双版纳傣族民居底层的支撑柱子多为方形，而无圆形，主要是为了防止虫蛇顺着柱子爬到楼上而特意建造，并且方形的柱子其固定作用更好，可使房屋更为稳固。即使是深受缅甸、泰国影响的佛寺建筑，也结合了西双版纳傣族民居建筑的特点，多采用重檐歇山式屋顶，这也是对西双版纳傣族地区独特的天地系统的适应。

五、西双版纳傣族地区独特的天地系统对其节日习俗的影响

西双版纳傣族的节日习俗有的是从别的民族，甚至是别的国家引入的，但是，无论是本土的节日，还是后来引入的节日，都要受西双版纳傣族自然环境条件的规约，并在此基础上做相应的调整。只有适应了此地区独特的自然环境条件的节日习俗才能在历史长河的大浪淘沙中留存至今。

（一）泼水节

泼水节是与西双版纳傣族地区的气候条件相适应的、最具代表性的节日。泼水节是西双版纳傣族的新年，称为"京比迈"，即新年之意。除此之外还被称作"厚南"（即泼水节之意）和"浴佛节"①。泼水节的具体时间是在傣历的6月，公历4月中旬。傣族地区关于泼水节的来历，说法众多，但都大同小异，其中有一个流传最为广泛的传说：

> 传说古代傣族人民居住的地方，有一个凶恶的魔王，他的本领很大，水淹、火烧、箭射、刀砍都不能伤害他。他霸占一方，时常外出抢掠金银珠宝、奴隶和民间美女，谁也不能阻挡。他的七个妻子都是抢来的民间美女，她们都对魔王恨之入骨，但都无法逃走。有一天，魔王又抢回来大批金银珠宝，并且在他最喜爱的年纪最小的第七个妻子面前夸耀自己的本领。聪明的第七个妻子趁机向魔王试探说："大王本领举世无双，天下无敌，一定永远长生。"魔王听

---

① 每年的农历四月初八为释迦牟尼佛诞辰，又称为佛诞节、灌佛会、华严会、龙华会。据记载，释迦牟尼从摩耶夫人的肋下降生时，一手指天，一手指地，说："天上天下，唯我独尊。"于是，大地为之震动，九龙吐水，为之沐浴。因此，各国的佛教徒通常都以浴佛等方式纪念佛的诞辰。

了更加得意起来，无意中把自己的保身机密泄露了。原来什么办法也不能杀死魔王，但只要拔掉魔王头上的一根头发，拴住他的脖子，就可把他杀死。第七个妻子就把这个秘密告诉了她的六个姐姐，她们决定当天晚上杀死魔王，为民除害。夜里魔王睡熟了，她们轻轻地从他的头上拔下一根头发，紧紧地拴住魔王的脖子。一刹那间，魔王的头颅果然扑通一声掉落在地下，但她们没有料到，滚到地下的头颅顿时冒起了浓烟烈火，许多魔鬼在火光中向她们扑来。大姐情急智生，赶快把恶魔的头抱起来，地下的烈火熄灭了，魔鬼也消失了。她们为了不再使别人受害，就七个人轮流抱着魔王的头，每人抱一年，轮到下一个人抱着的时候，大家为了洗去魔王头上流到她身上的血迹，就向她泼水。这样直到每人都轮流抱了一年，共抱了七次，即过了七年，魔王的头才完全死去，不再流血。后来傣族人民为了纪念这七位机智勇敢的妇女，就在每年这一天互相泼水，并表示祝福。①

而实际上，泼水节是南传佛教特有的节日，是把佛陀诞生、成道、涅槃三个日期合并在一起举行纪念的活动，同时又是傣历元旦（傣历以6月为岁首），因此也叫赕新年。又因为要举行浴佛仪式，人们又把佛寺内的浴佛仪式扩大到民众中间的相互泼水祝福活动，所以人们又把这一节日称为"浴佛节"和"泼水节"。这一点充分说明了南传上座部佛教传入西双版纳傣族地区后所经历的"傣族化"和"化傣族"的过程。所谓"化傣族"是指无论以"浴佛节"这个佛教意味浓厚的名字还是以"泼水节"这一民俗意味的名字来命名这一节日，都说明西双版纳的傣族人民已经接受了这一源自佛教的特有节日，从而实现了南传佛教的"化傣族"；所谓"傣族化"是指这一佛教节日传入西双版纳傣族地区后，为人们所接受，但是，傣族人民却用傣族自己的民间神话传说对它的来源给予了全新的阐释。

泼水节既是盛大的宗教节日，又是世俗的狂欢节。西双版纳政府为了配合旅游开发已经把泼水节确定在公历的4月13—15日举行。节日来临之前，家

---

① 陈茜：《泼水节的起源、传播及其意义》，出自王懿之，杨世光：《贝叶文化论》，昆明：云南人民出版社1990年4月，第690页。

家户户都要备置节日盛装。每个村寨都要制作高升①、礼花，装饰龙舟，进行划船训练。年轻人还要排练节目，准备歌舞表演。节日来临，要杀猪宰牛，做年糕（傣语称"毫糯索"），准备丰盛的年饭，宴请亲朋好友。第一天称为"麦日"，这一天，男女青年敲锣打鼓到河边取来干净的河沙，上山采集鲜花。然后在佛寺内堆成两座高约2米的沙塔，周围还要堆几个小沙塔，沙塔上插满鲜花、纸旗以祭献佛祖。同时也表示希望佛祖能原谅其平日的不端正和错误言行。第二天称为"恼日"，是个多余的日子，不计算在旧年内，也不计算在新年内，习惯称为空日，传说这天就是"魔王"头颅腐烂之日。这天通常要挑水到佛寺里给佛像洗尘。接着人们互相追逐泼水，纪念为民除害的七位妇女，以圣洁之水消灾免难，互祝平安幸福。第三天称为"麦帕雅宛玛"，据说就是传递天上与人间信息的使者帕雅宛的英灵带着全年的风雨信息返回人间之日，人们习惯将这一天称为日子之王来临之日。按照古俗，这天要赶摆、放高升、划龙船，庆祝新一年的来临。②

之所以在傣族地区会形成泼水节的节日，正是由于西双版纳傣族地区常年高温，并且水网密布，水成了傣族人生活中不可缺少的一部分。傣族人喜水、好沐浴、临水而居，有"水的民族"的美誉。西双版纳傣族人对水的喜爱，也集中地体现在傣族的泼水节上。虽说泼水节最初源于南传佛教的"浴佛节"，但是，在传入后与傣族人民的喜水嗜好相合，并适应了西双版纳傣族地区的气候条件特征。此时，正值西双版纳地区气候最为炎热的时期，水的清凉可以驱暑，加之有相应的传说故事，此时以水相互泼洒为相互祝福的表示，人们当然是乐于接受的。试想，如果泼水节的活动在北方或气候条件偏冷的地区进行，无论传说多么美丽动人，也难有人响应。即使在西双版纳本地，如果把泼水节安排在气温稍低的雨季，估计也少有人赞成。

（二）关门节、开门节

关门节和开门节是汉族对傣族节日的称呼，在傣语中关门节被称为"毫

---

① 所谓"高升"就是用整棵的大竹子，在竹节里装上火药，点燃以后可以把整个大竹子崩上天空百十丈，成为名副其实的"高升"。1丈≈3.33米。

② 汪涛：《节庆文化》，昆明：云南教育出版社2001年1月，第28-29页；龚锐：《圣俗之间——西双版纳傣族赕佛世俗化的人类学研究》，昆明：云南人民出版社2008年6月，第70页。

瓦萨"，"毫"是"进入"的意思，"瓦萨"是指"传授佛法期"，同时，又被称作"雨安居"或"夏安居"。关门节的开始时间是傣历的9月15日（公历7月间），要延续到12月15日（公历10月间），整整3个月。在傣历9月15日，各村寨都要举行盛大的庆典活动，村里的每个住户都要拼凑钱粮和大米等物，用于举办庆典。全村男女老少都要到佛寺里拜佛、听佛爷念经，参加庆典活动，男女青年要准备饭菜，宴请前来拜佛的群众（图1-11）。在此后的3个月期间，寨子里的男女都要每隔7天到寺院拜佛一次，并且要带着行李到佛寺住宿一晚，举行吃斋、听佛爷念经（图1-12）、拜佛（图1-13）、滴水（图1-14）等仪式，被称作"赕星"，又叫"婉信"（图1-15）。出于对老年人的关心和照顾，年龄很大的老人也可以根据身体状况不在寺里居住，只要每天在佛爷念经的时候到场就行了（图1-16）。在此期间，村寨里是不许人们谈情说爱和举行婚礼的，但是可以在佛寺里举行各种娱乐活动（图1-17）。这种状态一直要持续到傣历12月15日开门节后方可结束。

开门节在傣语中又被称为"奥瓦萨"，"奥"是"走出"的意思，即关门结束、各种禁忌可从今日解除之意。每逢此节，西双版纳广大傣族群众都身着盛装，以食物、鲜花、水果、钱币献佛，同时也进行拜佛、念经、滴水等仪式。该节日过后，人们又可以外出，进行盖新房、举行婚礼等活动。[①]

图1-11　负责送饭菜的傣族姑娘（右）

图1-12　听佛爷念经

---

① 龚锐：《圣俗之间——西双版纳傣族赕佛世俗化的人类学研究》，昆明：云南人民出版社2008年6月，第71-72页。

图 1-13　拜佛仪式

图 1-14　滴水仪式

图 1-15　参加赕星（婉信）的老人

图 1-16　赕星期间不在寺内居住的高龄老人

图 1-17　关门节期间在寺里娱乐的傣族群众

傣族人民之所以把关门节定在傣历的 9 月 15 日到 12 月 15 日的三个月期间，是因为这 3 个月，西双版纳地区正值雨季（公历 7 月至 10 月）。雨季到来，不方便外出，也不适宜建盖新房，加上此时正是农忙季节，为了适应受气候条件规约的农忙季节的到来而把此三个月定为关门节。在此期间禁止人们外出，禁止修建新房，禁止青年谈婚论嫁，其目的只有一个，就是让西双版纳傣族人民集中精力应对各种农活。到了开门节，雨季结束，收割完毕，农忙也已经过去，人们又可以外出远行、修建新房，年轻人也可以谈恋爱、举行婚礼了。

西双版纳的许多节日还受其气候条件规约的农作物生长状况的影响。适应当地的土壤、气候条件，西双版纳绝大部分地区出产稻谷，糯米是西双版纳傣族人民的主食食材。因而，西双版纳傣族人民创造了许多赞美稻谷的神化、传说、故事，并且还设置了许多与之相应的节日，叫谷魂节就是其中之一。叫谷魂节的时间是在傣历 3 月的属龙日或属狗日。各家自己叫谷魂，由老人到田里，点燃香，手拿笊篱一边挥舞一边念道：

> 谷魂啊！
>
> 回家！回家！
>
> 三月你要在谷仓里，
>
> 九月你要在田里，
>
> 我们人类不会忘记你的伟大恩德！
>
> 谷神啊！
>
> 我们的恩人，
>
> 你赐给我们颗粒饱满的饭谷和糯谷，
>
> 众人吃了对你崇敬无比，
>
> 永远不忘你的恩德。

就这样一边叫，一边挥动笊篱，一边往回走，到家将笊篱插在谷囤上。

第三节 西双版纳傣族生产生活方式
与南传上座部佛教的关系

通过对西双版纳傣族地区天地系统对其生产生活方式影响的分析可以看出，傣族人民在长期的实践中形成了一套与其天地系统相适应的生产生活方式，并体现在其衣食住行的方方面面。适宜人类居住的地理环境和气候条件有助于人类生存所需的各种动植物的生长，使得人类可以在这一地区长久地定居下来。适宜多种农作物生长的气候、土壤条件必定会促使西双版纳傣族人民在长期的生产生活实践中形成一套与当地自然环境相适应的农业生产技术、经验，并在此基础上形成一套与农业生产相关的农耕文化。而农耕文化的许多特征与南传上座部佛教①的教义有着诸多的相似之处，这也为西双版纳傣族全民信仰南传上座部佛教奠定了一定的基础。

受地理地貌、气候条件的影响，西双版纳傣族地区四季常青，一年四季都有农作物生长，尤其是水稻的种植，使其获得了"滇南谷仓"的美称。自然环境的优越使得西双版纳傣族人民只要依靠水稻等农作物的种植，不需要付出太多的劳动，就可以过上相对优越的生活；这种优越的生存条件使得西双版纳傣族人民形成了一种安于现状、与世无争、随遇而安的心理，这种心理是由农耕文化的封闭性、稳定性特征所决定的。有的学者曾将作为西双版纳傣族文化核心内容的价值观概括为四句话："盘田种好粮，积蓄盖新房，老有人送终，死后升天堂。"②这也充分体现了西双版纳傣族文化所具有的农耕文化的特征。

---

① 因本人在考察中曾经和曼罗村的都三佛爷探讨过南传上座部佛教的问题，当时，我使用的是"小乘佛教"的称谓。都三佛爷听后认为这种说法带有对他们所信仰的佛教的贬损之意，佛教没有"大乘""小乘"之分，只有"南传""北传"之别。考虑到信仰南传上座部佛教的民众的宗教感情，在本书中全部使用"南传上座部佛教"的称谓。本书涉及的人名、地名均为化名。

② 谭乐山：《西双版纳傣族社会的变迁与当前面临的问题》，出自《云南多民族特色的社会主义现代化问题研究》编写组：《云南多民族特色的社会主义现代化问题研究》，昆明：云南人民出版社1986年5月，第261页；郭家骥：《西双版纳傣族的稻作文化研究》，张文力译，昆明：云南大学出版社1998年6月，第126页。

南传上座部佛教在公元 6—8 世纪传入西双版纳地区后①，也曾与当地盛行的自然神崇拜、祖先祭祀等具有农耕文化特征的本土宗教信仰有过激烈的对抗。然而，南传上座部佛教的许多教义教规与西双版纳傣族的日常道德观、人生观相一致，加上统治阶级的大力支持，使得南传上座部佛教在经历了一个"傣族化"和"化傣族"的过程后，迅速与本地区的原始宗教信仰、日常生活相结合，并最终以其周密的仪理、易行的仪规，以及倡导去恶扬善，对人应持宽容友善的态度，对有困难和贫苦的人应有怜悯之心，族内要互敬、互爱，一生要多行善事、多积功德的教义内容赢得了傣族民众的信仰，并迅速传播开来，为广大傣族群众所接受，成了西双版纳傣族全民信仰的宗教。

南传上座部佛教之所以最终为西双版纳傣族人民所接受，除了某些教义与西双版纳傣族农耕文化所体现的价值观有一致之处外，更为重要的是它是针对西双版纳傣族由地理地貌气候特征而决定的农耕生产生活方式而进行的自我调适的结果。

首先，南传上座部佛教宣扬的是自我解脱，教义上主张一切皆空，宣扬人空、色空、我空，认为人生是生老病死苦，主张自我解脱。它的这一教义正好符合了西双版纳傣族农耕文化的那种封闭式的村社农民平静、保守的生产生活方式及回避现实社会矛盾的傣族人民的精神需要。

---

① 关于南传佛教传入西双版纳傣族地区的时间，众说纷纭，莫衷一是。有学者称南传上座部佛教传入西双版纳应该是公元前三四世纪，其根据是在勐海县曾发现一份傣文佛经《帕萨坦》，此经记载：公元前 545 年 6 月 15 日，释迦牟尼在印度毗舍离城拘尸那伽圆寂。在涅槃前，其弟子就到缅甸、西双版纳等地传播佛教。后又根据傣文史料和其他有关史料实地调查支持了这一说法。（参见王懿之：《民族历史文化论》，昆明：云南美术出版社 2000 年 5 月，第 396 页。）本人采用当前学术界较为认同的看法，即张公瑾、王峰的说法：南传上座部佛教传入西双版纳地区的时间是公元 6—8 世纪。其原因是：其一，5 世纪时南传佛教才传入中南半岛。其二，根据 1954 年在西双版纳一带的调查材料，当时勐景洪（即景洪坝）曼609寨的高僧祜巴叙述："在一千多年前，缅甸有一个酋长以阿李皈依了佛教，在今宣慰街和大勐龙各建立了两座埋葬佛骨佛发的白塔，当时没有佛寺，他就住在山上，所以叫作'帕已'，即山上的和尚。"这里所说的一千多年前，当与公元 6—8 世纪相近。其三，傣族历法中的纪元纪时法，其建立时间是 638 年，与缅甸历法建立时间相同。历法是随南传佛教传入，因此，其传入的时间当在公元 638 年之前。其四，建于公元 766 年的"南诏德化碑"碑阴上刻有"大军将赏二色绫袍金带赵龙细利"一行。史学界已一致认为"赵龙细利"是一位在南诏任职的傣族将领，新中国成立前车里宣慰使司议事庭官员中仍有此官名。在 20 世纪 50 年代的调查材料中，一般写作"召龙细利"。其中"细利"就是梵语译音，梵文原意为"吉利""光华"，在梵文中也多在宗教意义上使用，并用作人名和官员之名。由此可见，766 年之前，佛教不仅已经传入西双版纳，而且在统治阶级中影响已经很大了。梵文"细利"在北传佛教中都读作 Sali，而在南传佛教中却读作 Sili，正与"细利"两字相合。除了上述依据外，还因为西双版纳在公元 6—8 世纪傣族社会发生了巨大的历史飞跃，而南传佛教在西双版纳傣族社会发展中的重要作用是不容忽视的。具体内容参见张公瑾、王峰：《傣族宗教与文化》，北京：中央民族大学出版社 2000 年 9 月，第 21-23 页。

其次，南传上座部佛教为了适应西双版纳傣族村社小而脆弱的小农经济特点，也在不断进行自我调适，将宗教活动简朴化，使得傣族人民在各种赕佛活动中，支付的费用随心意而定，并无数量上的特别规定，这就使每个农民都能量力而行地支付宗教费用，使其与生产力水平相适应，在剩余产品有限的前提下，既能维持简单再生产，又可以承担赕佛费用。①

再次，西双版纳地区主要的生产方式是农业，而农业生产主要依靠劳力，尤其是在低水平发展阶段，对劳动力的需要就会更为强烈。南传上座部佛教允许僧侣随时还俗的制度，使得西双版纳对劳力依赖十分强烈的农业生产得到了保障，因此，更容易为傣族人民所接受。

最后，南传上座部佛教针对西双版纳傣族农耕生产生活方式所进行的自我调适的最为集中的体现，就是在宗教节日的时间安排上。由于传统农业对自然气候条件的依赖性十分强，天气的变化对农作物的生长起着直接的，甚至是决定性的作用，因此把握农时是十分重要的，耽误了农时，耽搁了庄稼的生长，就没有了生存的第一需要——食物，那么，没有了最为基本的生存需求的满足，其他的一切都是枉然。南传上座部佛教为了获得傣族人民的拥护，也必定会考虑到这一点。因而，其各种节庆活动的安排大都考虑到了当地的农业生产的需要，避开了农忙时节，并且与当地的气候特点相适应。如泼水节、开门节和关门节的时间安排，就是南传上座部佛教适应西双版纳傣族农耕生产生活方式的具体体现。实际上，泼水节就是人们把佛寺内的浴佛仪式扩大到民众中间，发展为傣族人民相互泼水以示祝福的活动。而关门节和开门节也源于佛教，在佛经上称其为雨安居或夏安居。相传每年傣历九月，佛祖到西天为其母讲经，要3个月才能回来。在一次佛祖赴西天讲经期间，有数千佛教徒到乡下传教，他们不仅践踏百姓的庄稼，还耽误了百姓的劳动生产，使得百姓怨声载道。佛祖得知此事后深感不安。此后，每逢佛祖到西天讲经，便将所有的佛教徒集中在佛寺，规定在这3个月里，不许他们到别处乱窜，只能在佛寺里念经赎罪。②而南传上座部佛教传入傣族地区后，这一规定逐渐发展为整个傣族的

---

① 曹成章：《傣族村社文化研究》，北京：中央民族大学出版社2006年4月，第574页。

② 杨民康：《贝叶礼赞——傣族南传佛教节庆仪式音乐研究》，北京：宗教文化出版社2003年1月，第99页。

节日。这一点充分说明了南传上座部佛教传入西双版纳傣族地区后所经历的"傣族化"和"化傣族"的过程。

此外，南传上座部佛教对西双版纳农耕文化的自我调适，还体现在形成了一系列与西双版纳傣族的农业生产活动直接相关的农耕礼俗和农业祭祀活动上。如赕"谈木兰"和赕"毫迈"。

赕"谈木兰"，就是通常在每年栽插结束，关门节过后的 15～20 天，由"波章"和大佛爷商量确定一个好日子，然后通知各家各户赕"谈木兰"。届时，每家都要编制一个箩筐，箩筐口用竹篾搭起一个三脚架，上插高高的山茅青草，再插上红、白、黄各色鲜花。箩筐里装一点米、一包饭、一碗肉和蔬菜瓜果，以及从几角到几元不等的人民币，送到佛寺中去请大佛爷和小和尚诵经祷告，祈求"雅奂毫"①保佑栽下的稻谷就像这山茅青草和各色鲜花一样快快长大、昌盛繁茂。念经结束后祭品就留给帮助念经的佛爷和小和尚，但家家都把箩筐上的青草和山花带回一半来插到自家的稻田中。

赕"毫迈"，即赕新谷、新米。每年稻谷收打归仓后，由各家各户自择吉日赕"毫迈"。这一天，要用一张小篾桌供上肉、菜、糯米饭和蜂蜡，然后一个人抬着桌子，一个人挑着新谷和新米各一箩，到佛寺赕佛。篾桌供在佛像前面，新谷和新米则倒入寺庙中预先准备的箩筐中，自带的新谷新米要注满这两个箩筐才吉利，说明你家今年粮食吃不完，如果装不满，就说明你家今年要饿饭，因此，家家都尽可能多带一些。带去的祭品和新谷新米由小和尚念经祝福后便留给佛寺，个人回家煮新米饭吃。这一天的饭一日三餐必须一次煮好，数量要多到三餐吃饱后还有剩余。②

正是南传上座部佛教与西双版纳傣族农耕文化在某些核心价值观上的一致，及其针对本地区生产生活所进行的自我调适，使得其为西双版纳傣族全民信仰，并形成了村村有佛寺的现象（图 1-18）。此后，南传上座部佛教与傣族

---

① 即谷魂奶奶，是世界上一切谷类灵魂的统称。她的地位至高无上，是唯一一位可以在佛祖面前不用下跪的神灵。

② 郭家骥：《西双版纳傣族的稻作文化研究》，张文力译，昆明：云南大学出版社 1998 年 6 月，第 118-120 页。

人民的日常生活关系日益密切，逐渐成为西双版纳傣族文化中极为重要的一部分，并且通过寺庙教育的形式逐渐承担起了对傣族文化进行整合和传承的任务。

图 1-18　村村有佛寺

注：两座寺庙（圆圈处）分属相邻的两个村寨

第二章

学校教育介入前西双版纳傣族寺庙教育状况

佛教传入前，傣族的教育主要由家庭教育、社会教育组成。家庭是社会的细胞，也是人类自身繁衍的基本单位，同时也是文化传承的重要单位。正如有的学者所说："家庭，就其体现着集中的、有时也是广泛的人间关系而言，是一切文化的基础学校。"[①]由于傣族很早就进入了一夫一妻制的家庭阶段，其社会结构的特点是以家庭为核心的家族扩展的村寨组织，所以家庭教育既是家族、亲族内聚的重要条件，也是协调村寨社会关系、维持物质和精神文化再生产的重要环节。傣族孩童从出生之时，便已经置身于家庭教育之中了。这种家庭教育主要是通过整个家庭共同的生活和劳动，父母采取耳濡目染、言传身教、耳提面命的方式进行的，而子女们也在这种"润物细无声"的潜移默化中不断地对这些生产生活的经验加以熟悉、掌握。但是，在具体的过程中，家庭教育还依照不同性别的人成年后需要在社会上担当的责任的不同进行了分工，主要表现在一般都是父亲教儿子、母亲教女儿的分工形式：

> 傣族儿童在很小的时候便开始从事简单的劳动，家庭成员按照性别自然分工，男孩五六岁起便用弹弓、木枪做游戏，七八岁时便在父兄的指导下逐渐学习养牛、编制竹木器、犁田、耙田等技术；女孩子

---

① 〔美〕许烺光：《宗族·种姓·俱乐部》，薛刚译，北京：华夏出版社1990年12月，第87页。

则在母亲带领下学习纺织、刺绣、煮饭、酿酒、腌制咸菜、饲养家禽、料理家务等劳动……通过民间神话、传说、故事的讲解，来进行民族历史、信仰禁忌、风俗习惯等方面的教育，这些既是傣族生产生活的实践活动，又是一种最直接、最有效的传承本民族传统文化的方式，深刻地影响着傣族的生活方式、价值取向，塑造了傣族勤劳、善良、好客、温柔、正直的民族性格。一代代的傣族青少年正是在这样的教育中锻炼成长步入社会的，在更广阔的天地里，不断地吸取和积累新的知识和技能，结婚育子后，又承担起教育下一代的职责，周而复始，才使得生存本领和民族文化世代相传。[①]

社会教育是以家庭教育为核心，在家庭教育的基础上，通过家庭间的交往、村寨间的联系等集体性质的活动，对本民族的成员进行生产技术、道德规范等传统文化的教育。其形式也是多种多样的，如通过参加婚丧嫁娶、生产劳动、节日庆典等集体的社会活动和劳动，傣族的年轻人通过亲身体验，可以从长辈那里学到本民族的生产技术、生活经验、伦理道德、礼仪规范、天文、地理、医学、文学艺术等方面的知识，并在这个过程中完成了社会化，为其真正融入傣族社会提供了条件。同时，傣族人民在长期的社会交往中形成了一种具有共识的群体文化，并以此来协调、维护人们的社会关系，通过对文化的整合，增强了傣民族的认同意识和内聚力。

家庭和社会教育方式对下一代的生活方式、价值取向的培养有着重要的作用，也是民族文化传承的最为直接的方式。当前的西双版纳傣族地区，即使有学校教育的存在，其家庭和社会教育仍然在很大程度上发挥着重要作用，如耕作、纺织、建房等各种生产生活经验都是在家庭和社会教育中完成的，而不是通过专业的、系统化的学习获得的。但是，由于教育在家庭、生产劳动或祭祀活动中进行，教育的对象和场所不固定，教育的内容杂乱无章，没有严格的目的性、计划性，多处于一种无序的状态，其传承的有效性不高。

南传上座部佛教传入西双版纳傣族地区后，在经历了一个"傣族化"和"化傣族"的过程后，在与当时的统治阶级政权结合的基础上，形成了全民信教的状态。基于此，西双版纳傣族地区更是出现了"家家有佛龛，村村有佛寺"

---

① 刀承华，蔡荣男：《傣族文化史》，昆明：云南民族出版社 2005 年 6 月，第 369-370 页。

的状况，从而在教育上最终形成了"教教合一"的教育形式，即教育与佛教合二为一。佛寺掌握了傣族文化传承的重要载体——贝叶经，并且用来记录经文的老傣文的学习也只能在寺庙里进行，从而使得寺庙教育成为学校教育介入前西双版纳傣族人民最为重要的教育形式。傣族人认为只有当过和尚的人才是有教养、有学问的人，才会受到社会的尊重。没当过和尚的人被称为"岩百""岩令"，即没有知识、不开化的愚人，会遭到公众的鄙视，不能得到社会的认可，甚至难于娶妻。因而，傣族男童7～9岁都要削发为僧，入寺当和尚，接受短则数月，长达数十年的寺庙教育后再还俗，只有小部分人留下来终身从事佛教事业。此时，虽说仍存在家庭教育和社会教育，但是寺庙教育几乎从各个环节取代了傣族男童的世俗的家庭教育和社会教育，从而成为西双版纳傣族男童所接受的最主要的教育形式。此时西双版纳傣族的佛寺不仅是宗教活动的中心，更是文化传播和教育的固定场所。"佛寺是学校，佛爷是老师，经书是课本，和尚是学生"，这句话真实地描述了寺庙教育在傣族文化传承中的重要作用——傣族的寺庙教育不仅承担着传播宗教信仰的责任，还发挥着当前学校教育所发挥的部分功能，可以说当时的教育状况是"庙堂即学堂"。之所以说它是学堂是因为它有固定的教育场所——佛寺，有稳定的教育内容——经文，有专职的教育人员——佛爷，并且有与之相适应的配套的学制和相应的管理体制。西双版纳傣族寺庙教育既具有一般宗教教育的共性，又具有其特殊性——培养能够自觉遵守和维护南传上座部佛教教义、教规、戒律的信徒，同时还担负着传承傣族文化、培养合格的傣族社会成员的任务，而这种共性和特殊性在寺庙教育的场所、教师、内容、学制、方法、管理体制，以及功能方面都有所体现。

第一节　西双版纳傣族寺庙教育的场所

佛教传入前，傣族的教育主要由家庭教育、社会教育组成，教育的场所不固定。佛教传入后，西双版纳的傣族村寨几乎村村寨寨都有自己的佛寺[①]，这

---

① 也有些村寨由于经费问题可能修不起寺庙，或者人数过少，与邻近的村寨合用一个佛寺的也有，但是，这种情况极为少见，绝大多数村寨都有自己的佛寺。

就为寺庙教育拥有固定的场所提供了前提条件。

　　西双版纳傣族佛寺一般包括大殿、僧舍、藏经厅或僧侣晋升厅三部分。大殿（图2-1）是人们拜佛诵经的地方，也是整个佛寺的核心建筑，因此，高大、宽敞、气派、威严、庄重是不可缺少的特征，其建筑材料绝大多数都是砖、土、木，即木柱、木梁、瓦顶、砖墙或土墙。佛殿的外形有相叠式、并排"丁"形式、两檐歇山顶围栏式、两檐歇山顶多边折叠式、中原楼阁式等。[①]但是，无论大殿的外观如何，其内部的布置和摆设却基本一致，主要由佛座、僧座和经书台三部分组成。佛座上供奉一尊高大的释迦牟尼佛像，佛像上方和四周悬挂幔帐、佛幡等。佛寺围墙上绘有以释迦牟尼成佛、佛本生故事和一些民间传说为题材的图画。佛寺建筑，尤其是大殿部分没有上下层，只是在建筑的底部堆起一个离地面半米左右的平台，佛寺的各类建筑就建在这些高台上。藏经亭或僧侣晋升厅既是藏经诵经的地方，又是举行僧侣晋升仪式的场所，建筑十分精致和考究。其建筑造型有两檐四角亭、两檐折叠式六角亭、三檐塔式三角亭，以及多边塔式八角亭（图2-2）等。[②]

图2-1　曼罗村佛寺大殿全貌

图2-2　景真八角亭

　　此外，有的寺庙中还建有佛塔。这些佛塔形态各异，种类繁多，但在西双版纳地区则多为覆钟式舍利塔。这是一种比较古老的佛塔，起源于印度，原是埋葬佛祖释迦牟尼和高僧尸骨的坟墓。一般由基座、塔身和塔刹组成，其特点

---

①　岩峰：《傣族文化大观》，昆明：云南民族出版社1999年9月，第419页。

②　刀承华，蔡荣男：《傣族文化史》，昆明：云南民族出版社2005年6月，第93页。

是塔的形状如覆钟形。[①]

僧舍既是僧侣生活休息的地方，又是学习的主要场所（图 2-3）。僧舍内一般分为佛爷宿舍、学经室、小和尚宿舍三个部分。学经室相当于汉族人家客厅的位置，小和尚学习时就在地上铺上席子，然后席地而坐，面向佛爷。佛爷则可坐在椅子或垫子上带领小和尚学习经文。

图 2-3　佛寺大殿（左）和僧舍（右）

如果从一个更为广泛的意义上来看待寺庙教育，把各种宗教仪式活动也纳入寺庙教育范畴的话，那么，大殿、藏经厅、僧侣晋升厅都是寺庙教育的场所，因而，可以说西双版纳傣族寺庙教育的主要场所就是佛寺。

第二节　西双版纳傣族寺庙教育的教师

从现代学校教育意义上而言，教师是教育活动的组织者和实施者，在整个教育活动中起主导作用。在佛教传入前，傣族没有现代意义上的教师，文化知识和技能的传承只能依靠言传身教，教师这一角色则主要由有生产生活经验的长者、召曼（村寨头人）和原始宗教的"波摩"（巫师）充当。这一时期，有生产生活经验的长者为了使本民族在长期的社会实践中积累的生产生活经验和

---

① 罗廷振：《西双版纳佛塔的类型及其源流》，出自云南西双版纳贝叶文化研究中心编：《首届全国贝叶文化学术研讨会论文集（下册）》，景洪：西双版纳州少数民族研究所编印 2001 年 4 月，第 825 页。

其他常识得以一代代流传下去，他们经常在日常生活及生产劳动的过程中，通过言传身教，把这些知识传给后代。但是，这种言传身教的传承方式，有其自身的局限性，即某一民族的文化是依附于一个人或几个人的存在而存在的，一旦掌握着整个民族文化内容的长者因不可预料的意外事件而身亡，那么其所掌握的这些"知识"也就随之消失，这也是许多文化突然消亡的重要原因。

佛教传入后，傣族社会产生了真正的知识分子，为教育的普及与提高创造了有利的条件。傣族信仰的南传上座部佛教规定男子必须出家一段时间，满20岁者可以晋升为佛爷。这些佛爷在寺院里精通傣族文字并掌握与傣族传统文化相关的知识。他们在寺院里教授文字，讲授佛经和其他一些常识，为傣族的教育事业作出了重要的贡献，他们是傣族历史上第一代严格意义上的教师（图2-4）。

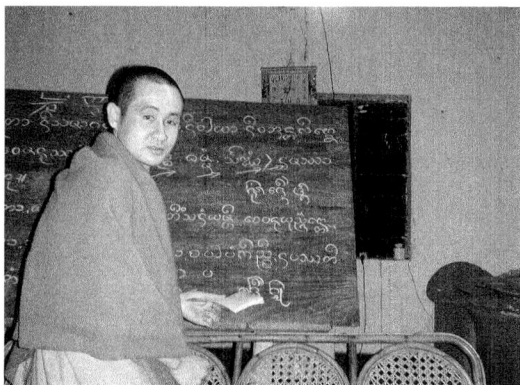

图2-4 都三佛爷

佛爷还俗后被尊称为"康郎"，即知识分子。这些知识分子遍布傣族村寨，有的成为傣族赞哈（歌手），有的成为傣族摩雅（医生），有的研究天文地理，有的从事编纂写作，他们走到哪里，就把文化知识传播到哪里，他们是傣族社会中有影响的知识阶层。这时，长者、召曼、波摩虽然也存在，并继续行使其教育的职能，但其所发挥的作用与佛爷和康郎比较，则是不可同日而语的。[1]

---

[1] 刀波：《试论南传上座部佛教对傣族教育的积极影响》，《民族教育研究》1998年第3期，第25-26页。

第三节 西双版纳傣族寺庙教育的学制

寺庙教育的学制主要是通过僧侣等级的晋升来体现的。傣族寺庙教育是根据入寺年限的长短，结合学业成绩和年龄来进行晋升，共有十级①，从低到高分别为：十级，科永②；九级，帕③；八级，改呼；七级，都竜；六级，祜巴听；五级，沙弥；四级，山卡拉鲊；三级，帕召祜④；二级，松榴⑤；一级，阿嘎牟尼⑥。

一、科永

傣族男孩七岁便由父母送入寺内，为预备和尚"科永"，寄宿在佛寺里，学习傣文字母和南传上座部佛教礼仪，接受出家修行前的教育。一段时间后，当"科永"对南传上座部佛教礼仪与教规有了一定了解，经考核合格，就可以在"温帕"或"赕鲁皎"⑦期间，集体举行出家仪式。

二、小和尚

要去佛寺当小和尚，首先要举行升和尚的仪式。升和尚的时间通常选在每年傣历4—8月。一般而言要升和尚的傣族男童，必须先剃去头发，由家长拜请一位男性亲友当孩子的义父。生身父母，例不直接送子弟入寺受戒为僧。父兄欲送其子弟到佛寺为僧者，必先觅一施主，使子弟拜之为义父⑧，义父有义

---

① 王懿之：《西双版纳小乘佛教历史考察》，出自王懿之、杨世光：《贝叶文化论》，昆明：云南人民出版社1990年4月，第415-416页。
② 即预备和尚，指已进入佛寺但尚未取得和尚资格的男童。
③ 即大和尚和小和尚。
④ 即学识渊博，精通教义的佛学大师。
⑤ 召片领幼年当和尚，即位后称"松榴帕兵召"。
⑥ 是南传上座部佛教僧侣的最高等级，意为活着的佛祖，在一般情况下，只有精通佛经德高望重的召片领直系亲属才能充任。
⑦ 即升和尚，就是傣族适龄男童由世俗男性转变成神圣僧侣的过程，换而言之，就是入寺当和尚。
⑧ 江应樑：《傣族史》，成都：四川民族出版社1983年12月，第531页。

务帮助孩子购置袈裟和生活用品等筹办升和尚所需的一切物品，并教导义子入佛寺后的礼节。而当童僧的义父，也被认为是一种荣誉，是布施的一种表现。傣语俗话说："金钱不能当儿子，教子胜于亲生子。"教子，就是义子。之所以这样说是因为义子对义父有赡养送终的义务，义父老了，无力劳动，义子会去帮助，有的还适当履行养老责任。无子的人，丧葬时义子还要作为儿子送灵。一般人都愿攒钱收义子，因为有了义子，以后年老时的生活就多了几分保障，死后也有人来送终。男孩出家为僧，在西双版纳傣族社会认为不是个人的行为，而是全村寨的大事，因而大都以村社为单位，集体举行萨弥戒，并集体庆贺。仪式一般都很隆重，约历时2～3天。[①]

初送入佛寺为僧的男童，通常被称为小和尚。他们在佛寺中的主要工作是学习老傣文，因为佛经都是用老傣文写的，要诵念经典便须先学老傣文。每当清晨及黄昏，大和尚便带着一群小和尚，高声朗读傣文，由字母、拼音、构句，到诵读佛经。与此同时，小和尚还必须承担寺内的劳役，待学习成绩达到能独立读写经书后，再经考核，合格者就升为大和尚。

三、大和尚

大和尚仍属"帕"，在当小和尚三年左右，如果考核合格就可以升为大和尚。大和尚不从事寺内劳役，可代表大佛爷教刚入佛寺的小和尚念经和学习傣文，监督他们劳动。大和尚除了教小和尚念经、学习傣文之外，其余时间自行安排，有的抄写经书或写诗歌，朗读叙事长诗，有的选读各种佛经故事、寓言等。个别大和尚还钻研天文、历法、医药等，也有的去帮助群众中的求知者。[②]

四、二佛爷

年满20岁，仍然愿意继续修持，并留在寺中为僧者，经本寺长老主持晋

---

① 龚锐：《圣俗之间——西双版纳傣族赕佛世俗化的人类学研究》，昆明：云南人民出版社2008年6月，第69-70页；曹成章：《傣族村社文化研究》，北京：中央民族大学出版社2006年4月，第558-559页。

② 曹成章：《傣族村社文化研究》，北京：中央民族大学出版社2006年4月，第552页。

升仪式，就可以被尊称为"都因"，俗称为"二佛爷"，相当于一寺中的副住持，是长老的助手。从帕升为都，举行受比丘戒，又叫升佛爷。举行受比丘戒仪式比升和尚的场面还要热闹，费用也更高。不过义父愿意，亲朋好友乐于送礼，被升者的家属也十分高兴。

五、大佛爷

"大佛爷"是在"二佛爷"的基础上，再经过三年以上的继续习经修持，并达到一定的宗教造诣后形成的，这些造诣包括修持高深，信仰坚定，得一般人民崇信；熟识经典，且能通达佛理；富有办事能力及领导才能；入寺为僧的年数，在同辈中为最久。具备了这些资格，经若干名长老考试合格，即可升为"都竜"，俗称"大佛爷"（图2-5）。做了大佛爷，不仅可以掌握一寺的大权，还是所在村寨中地位最崇高之人，就是走到本寨以外的任何地方，也深受人民尊崇。在政治地位上，大佛爷和土司是可以对等谈话的，在宗教场合，土司也要对大佛爷顶礼，傣语称大佛爷为"基召"，召是对宣慰、土司及一切统治者的通称，可见，大佛爷在傣族人民的心目中是居于很高地位的。[①]

图2-5　悠闲的大佛爷（右一）

---

① 江应梁：《傣族史》，成都：四川民族出版社1983年12月，第533页。

六、祜巴

"都竜"晋升"祜巴"（长老）的要求比较严格，仪式亦较隆重。必须任僧职 10 年以上，且年满 30 岁以上并熟悉经典，精通教义、教理、仪规，严守戒律的比丘级僧侣，才能作为祜巴的候选人。要经本人申请，并请八位以上的佛爷考核合格后，才可以升为祜巴。不过一般的人不愿意做祜巴，因为一旦升了祜巴，便要终生为僧，不能再还俗了。所以，自愿者很少，多是被迫的。在这些僧侣的级制中，平民出身的僧侣最高只能升到"帕召祜"。历史上，升到第一级的只有宣慰的儿子召勐捧巴。民主改革前的祜巴勐，系平民出身，因而只升到帕召祜，直到 1961 年，根据周恩来总理的意见，才由中国佛教协会正式授予"松榴·阿嘎本尼"的最高称号。民主改革前，祜巴级以上的僧侣必须由宣慰委任，不愿当者也需宣慰许可，如果他们违反了教规戒律，也要由宣慰进行处罚。[①]但是，就一般村寨的佛寺而言，傣族男子最高做到大佛爷就还俗了，祜巴及以上的级别都只能看作是政治权位的象征了。

第四节　西双版纳傣族寺庙教育的内容

傣族寺庙教育主要是以贝叶经所记载的内容为主要教学内容的。贝叶经最初是指用铁笔在贝多罗树叶上所刻写的佛教经文，后来泛指西双版纳佛寺中所藏的用任何材质所写的任何内容的书籍。贝多罗树（图 2-6）形状很像棕榈树，西双版纳傣语称其为"戈兰"。在傣族人民心目中，"戈兰叶"（即贝叶）是运载傣族历史文化走向光明的一片神。自古以来，傣族社会所有的历史事件和文化，全靠用一片片贝叶作记录世代相传，傣族人民把贝叶经视为全民族的宝贵财富加以保护。历史上，每座佛寺里都有一个藏经阁，傣语称"林坦"，所有的贝叶经都要统一保管在这里，由佛爷、和尚严格看管。未经寺主允许，任何人不得擅自进入这里带走经书。对贝叶经的管理也很严格，除棉纸抄写的

---

① 王懿之：《西双版纳小乘佛教历史考察》，出自王懿之、杨世光：《贝叶文化论》，昆明：云南人民出版社 1990 年 4 月，第 415-416 页。

唱本、生产生活常识、医药、历法、伦理道德、占卜、法律典籍等可以保留在村里供寨人使用外，凡佛教经典和其他内容的贝叶经是严禁个人带出佛寺藏入私人家中的。所以，很少出现贝叶经在佛寺里流失的现象。偶尔有流传到村寨或私人家里的贝叶经，使用者也是备加珍惜，他们把它挂在枕头上方的柱子上，或者锁在箱子里，要是有人粗心大意，把贝叶经随便丢在地上和床脚下，就会受到众人的谴责。

图 2-6　贝多罗树（图中）

一、贝叶经的传说

关于贝叶经的来历，在西双版纳傣族民间流传着许多美好的传说，其中有一个流传较广的传说：

在人类刚出现的时候，缺乏记载语言的文字，大家都到佛祖那里祈求，佛祖答应赐给文字。不同的民族都带着不同的材质去了，汉族带的是纸，傣族带的是贝叶，哈尼族带的是牛皮。佛祖分别在纸、贝叶和牛皮上写下同一种文字。去取文字的人高高兴兴地往回走，不料途中要洇水过江，汉族大哥带的纸被江水浸湿了，佛祖赐给的文字变了形，成了由点、横、竖、撇、捺等笔画构成的方块字；哈尼族兄弟带的是牛皮，由于路上没有什么东西可以充饥，就把牛皮烧熟，分给大家吃了，因此，哈尼人失去了文字；由于傣族兄弟带的是贝叶，江水打不烂、饿了不能吃，于是把佛祖赐给的文字完整地带了回来，成了今天绣花似的优美字体的老傣文。[①]

二、贝叶经的制作过程

贝叶经的制作十分复杂。首先从贝多罗树上取回硕大的贝叶，再用锋利的小刀将蚊虫叮咬过的叶子和叶脉筋骨剔出，又根据需要作适当切割后，对折成小捆。将捆扎好的贝叶放入锅中用猛火煮制5～6小时，煮的时候还要加入一些酸性藤叶或者柠檬，目的是使叶片中的淀粉充分脱离，以免以后遭虫蛀，也利于流畅地刻写经文。叶片煮好后还要用水洗，有时也拿到江边用沙子搓洗，再将洗好的贝叶用篾条穿起来晾晒干燥。不过晒干后叶子七扭八歪，很不平整，这时要将它们10张一卷地卷起来，存放10～15天。展开后将叶子的边缘削平整，穿好孔后放到专用的夹板中压平，这个过程也需要15天左右。压平后，还要在叶子上打格子以便刻写，这道工序叫弹线。弹线要用专制的墨线弓，一般划成四线和五线两种规格。写贝叶经用的刻笔则是用一种傣语称作"迈方"的坚硬的木头削制而成的，并在顶端镶嵌一个尖铁块。每刻两张叶片后都要重新磨一次笔尖。刻好的贝叶经用肉眼几乎看不出字来，古时用刚从树上采来的树叶在贝叶上摩擦，淡绿色的液汁使经文显露出来，但时间一长，就会渐渐淡化。后来人们又发明用植物油加上锅底灰来上色。现在常见的做法则是用刷子蘸墨汁来刷，再用湿布将多余的墨汁抹净，刻好的经文就会显露出来。待墨汁干后，还要将贝叶用夹板再压制一次，并在贝叶周边涂上金粉或红、黑油漆，这既是很好的保护，也可以起到装饰作用。最后，根据内容整理好贝叶，每十来叶就叠成一册，再压平、穿孔，之后穿以细麻绳，就制成闻名于世的贝叶经了。[②]

贝多罗叶具有防水及经久耐用的特性，制作完成可再以肉桂油及灯烟所调制的特殊墨汁涂在叶面上，更可增加其保存的时间。这是因为肉桂油具有防潮、防腐及防止虫蚁蛀食的功能。若为长期保存，若干年后可再涂抹一遍。[③]因

①　岩温扁，征鹏：《贝叶经——傣族文化的宝藏》，出自王懿之，杨世光：《贝叶文化论》，昆明：云南人民出版社1990年4月，第11页。
②　董石华：《取经存髓制华经——亲睹傣族贝叶经制作》，《今日民族》2003年第1期，第36-37页。
③　邓殿臣：《谈谈"贝叶经"的制作过程》，《法音》1988年第11期，第33页。

此，许多有价值的傣族历史文献、医学典籍、天文历法、文学作品等都是用贝叶刻写下来保存的。随着傣族地区棉纸制作的发明，许多经文和历史典籍都写在棉纸上了（图 2-7）。有的则写在桐叶、桦皮上，但是，其制作、装订仍然仿照贝叶经的样式，这些典籍虽然不是用贝多罗树叶制成，但也被称作"贝叶经"。丰富多彩的傣族文化就是靠这些贝叶经得以保存并传承下来的。在傣族地区，保存在佛寺里的贝叶经多达 8.4 万多部。

图 2-7　用棉纸撰写的贝叶经

三、贝叶经的内容

由于寺庙教育的主要内容都来自贝叶经，因此，贝叶经就成了寺庙教育的教材。在我国傣族地区，一千年来，由于全民信佛，用贝叶刻写的经书越来越多，内容也越来越复杂，它已经不仅仅限于佛教经典，一些世俗的著作在经过改装后，打上佛寺的印记也被纳入贝叶经的范畴之中，因此，贝叶经的内容已经涉及傣族人民生活的方方面面，可以说是傣族人民生活的大百科全书，其主要内容包括八个方面的内容①。

（一）佛教教义教规方面的内容

在 8.4 万多部贝叶经中，存有三藏典籍，共分为论藏、律藏、经藏和藏外

---

① 此部分内容主要参考了岩温扁，征鹏：《贝叶经——傣族文化的宝藏》，出自王懿之，杨世光：《贝叶文化论》，昆明：云南人民出版社 1990 年 4 月，第 10-18 页；曹成章：《傣族村社文化研究》，北京：中央民族大学出版社 2006 年 4 月，第 549-551 页。

四大部分。论藏包括七论，即《法趣论》《界论》《人施设论》《双论》《发趣论》《论事》《分别论》，主要是南传上座部佛教的基本理论著述。律藏，分五个部分，即波罗夷品（比丘戒解说）、波逸提品（比丘尼戒解说）、大品（包括有关佛传、雨安居、医药、僧服等10章）、小品（包括羯磨、减净、生卧具、仪法、佛典结集等12章）、附录（比丘戒、比丘尼戒解说及大、小品的注释），主要是关于佛教的戒律。经藏，共分五个部分，《长阿含经》《中阿含经》《相应部经》《增一阿含经》《小部经》①，主要是宣传"定"，所谓定就是防止静心的散乱。藏外，典籍数量很多，包括教义纲要、三藏注释、史书、诗文等著作，是各个时期积累的，其中录有南传上座部佛教流行国家僧人的作品。具体的如《西林龙》主要讲应该怎样做人，教育人们要遵守教规，安分守己，死后成佛；《勐纳干达来》告诫人们要避免惹祸，一个人要做到三防：提防偷盗，提防烧杀，提防奸污妇女。

（二）文学、文论方面的内容

文学、文论方面的内容主要包括故事、散文、诗歌等。记载在贝叶经里的故事，一般都篇幅宏大，有的长达150万字。这些作品虽然是以经书的形式出现，但故事完整，情节曲折、复杂，结构严谨，人物形象栩栩如生，具有独特的民族风格。据统计，反映不同题材、不同内容的长篇贝叶经故事作品有40部，中篇和短篇就不胜枚举了。长篇故事《祝佐妈赖》（又名《维先达腊》）描写了国王帕雅维先达腊这个南传上座部佛教的忠实信徒的一生，是我们研究傣族南传上座部佛教的一部很有价值的作品。此外，贝叶经里还记载着各种民间传说、寓言故事、祝贺词等。其中，有其布桑该、雅桑该②开天辟地、用泥巴创造人类的传说，关于西双版纳的地名、山水来历的传说和讴歌劳动人民聪明才智的故事，如《黎明之城的传说》《艾苏艾西和艾批杰的故事》等。《艾苏艾西和艾批杰的故事》是一个由二百多个小故事汇成的集子，它描写艾苏、艾西、艾批杰三兄弟怎样机智、勇敢地揭露和讽刺帕雅召勐③、佛爷、奸商的昏

---

① 由各种同性质篇目汇集起来的经集，经文内容较短，很可能是在以上四部经典编定之后才编入藏的。
② 布桑该、雅桑该：傣语，传说是人类的始祖。布桑该是男神，雅桑该是女神。
③ 帕雅召勐：傣语，一勐之主，即领主。

庸、愚蠢和丑恶，热情歌颂了劳动人民的聪明才智，辛辣地讽刺了压迫者、剥削者。寓言有《红蚂蚁死于蜜蜂糖浆》《乌鸦和铁连鸟》《猴子、老虎和帕拉西》等。祝贺词有《朗施不先拿》等，至今仍完整地保存着。散文方面，主要有散文集《毫西贺勐龙》（《十六大勐游记》），这部散文的作者是一个中年赞哈，他离开家乡七年，走遍了十六个大勐的村村寨寨，了解了各勐的风土人情，感受良深，回来后，写下了许多散文游记，汇成这个集子。傣族的诗歌分为民歌、情歌、叙事长诗等几种。写在贝叶经里的叙事长诗，在西双版纳能找到目录的，就有五百部之多。其中，有反映善良战胜丑恶，诚实战胜奸刁，思想内容和艺术水平都相当高的的长篇叙事诗《粘巴西顿》（四棵缅桂花树），这是根据 37 卷经书改写而成的，故事完整，情节曲折，诗句优美，脍炙人口，全诗长达五万多行。有反映正义战争战胜非正义战争，南传上座部佛教和其他宗教之间斗争的神话叙事长诗《兰嘎西贺》（十头魔王），这部长诗是根据 22 卷贝叶经《兰嘎西贺》改写而成的，它是傣族五百部长诗中情节最复杂、反映面最广、出现的人物最多而刻画得比较成功、气势磅礴的一部长诗。全诗分为 22 章 90 节，长达四万多行（译成汉文后有三万零八百行）。有反映男女青年向往自由和爱情生活的长篇叙事诗《恒勐拉》（上内地），长达三千五百多行。有歌颂忠贞爱情，颂扬爱国主义的英雄长诗《召树屯》《沾相》《相勐》《召洪罕》，有反映历史悲剧和爱情悲剧的《楠波贯》（又名《宛纳帕》）等。

（三）傣族历史方面的内容

记载在贝叶经里的历史文献有《法过兵拎过革》（开天辟地）、《帕麻逆毫勐》（破仙葫芦开创人间）、《尼旦坦帕召》（佛经的历史）、《裴兰嘎》（大火烧天地）和《戏西戏佐召》（四十四代王朝）等。这些历史文献，从天地的形成起到 1180 年第一代召片领帕雅真在景洪建立"景龙金殿国"，一直到中华人民共和国成立前夕第四十四代召片领为止，按照历史年限，详细而真实地记录了傣族的社会历史状况，以及各个历史时期发生的大事件。

（四）与傣族生产相关的天文历法、生产知识方面的内容

天文历法方面的有《巴嘎登》、《加勒》和《勒法》，书中论述了人的属

相，干支；推算日、月食的方法；一年分为 12 个月，大月 30 天，小月 29 天，全年分为热、雨、冷三季及其推算方法；一月中分为月上（1 日至 13 或 14 日、15 日为月中）、月下（16 日至 29 或 30 日），以及他们的计算公式；地球和月亮、太阳的距离；时间、雨和气候变化的推测等。

（五）医药卫生方面的内容

《旦兰约雅当当》（各种医药经典）是记载在贝叶经里有名的药书，是几千年来傣族人民在和自然界的各种毒蛇猛兽作生死搏斗，和各种病魔作斗争中总结出来的经验的结晶。药书里记载着上千种药方，包括自然界各种动物的皮、骨、毛、筋、脑、血；植物中的花、草、树皮、根、须、汁；果子的肉、汁、核等。药书详细地记载了防病、治病、服方等方法。过去，傣族地区没有西医，而非专业的草医各个村庄都有，他们祖祖辈辈就靠着这部药书，有效地治疗着骨折、风湿、瘫痪、皮肤病等，抵抗着各种疾病的袭击，使人们健康地生存下来。

（六）法律方面的内容

法律方面的内容有《谢哈南拎海纳》（土地法）、《腊扎干旦兰广蚌》（政治和管理制度）、《腊扎干巴卖和谢赏》（判罪罚款和奖赏法）等。这些文献规定了封建领主制的土地占有权和分配法；规定了行政勐的划分；规定了管理制度和奖惩的办法，以及各种劳役的期限、门户钱、各级官员的任免等。

（七）体育方面的内容

贝叶经里有关体育方面的内容主要是武术，分深、浅两部分。一部是《沙帕滚》，介绍的主要是气功功能训练。另一部是《腊禅真》，介绍的则是刀、枪、箭法和拳术。其中，"真咪西兰"（四面方位之拳术）是傣族最拿手的拳术之一。这种拳术动作灵敏，有攻有守，适用于短兵相接。

（八）心理学方面的内容

《沙都加》长达二十七万六千多字。这部经书详细地研究了男女老少及各种人物的心理活动。

正是贝叶经涉及内容的广泛性，使其得到了"傣族文化大百科全书"的美称，并且在学术界，人们也经常用"贝叶文化"作为对傣族文化的一种象征意义的称谓，这也是十分贴切的。

第五节　西双版纳傣族寺庙教育的教学方法

西双版纳傣族寺庙教育的教学方法比较传统，主要包括反复记诵法和情景教学法两种。

一、反复记诵法

在傣族寺庙里，每当清晨及黄昏，佛爷便领着一群小和尚，高声朗读傣文，由字母、拼音、构句，进而诵读佛经，远远地就可以听到佛寺内传来的读经声，给人一种空阔、遥远、神秘的感觉，这便是寺庙教育所采取的主要教学方法——反复记诵法，即在佛爷的带领下，佛爷念一句，和尚们跟着念一句，然后在反复的诵读中记住这些经文内容的方法（图 2-8）。

图 2-8　用反复记诵法学习经文的小和尚

当然，在整个教学过程中，也采取个别和尚单独诵读，佛爷纠正的方式。但是，在诵读经书之前佛爷都要先把老傣文的一些构词规则和字母发音教给小和尚，以便他们能够在课余自己温习经书。小和尚们一天当中的这种"正规"的教学时间大约有两个小时左右，其余时间自由安排。每逢此时，小和尚们就到处玩耍去了，而大和尚由于有一定的傣文基础，有些就在寺庙里抄写经书（图2-9）或写诗歌、朗诵叙事长诗，有的选读各种佛经故事、寓言等，个别大和尚还钻研天文、历法、医学等。"师傅领进门，修行在个人"是西双版纳傣族寺庙教育最为真实而贴切的写照。

图2-9　大和尚抄写的经书

二、情景教学法

在各种宗教教育中，情景教学法是一个非常普遍的方法，指的是"教"与"学"双方都作为情景中的一个组成部分，作为参与者所进行的无形的教育。它是从唤起情感入手，使受教育者产生一种强烈的宗教体验，从而完成其宗教教育的。这种教学方法具有"教"与"学"双方的直接参与性、学习的生动具体性、信息接收的全方位性，以及密切的生活联系性等特点。①而具体到南传上座部佛教，则主要是通过各种赕佛仪式来完成这一情景教学的。

南传上座部佛教的基本教义，在理论上仍然是以"四谛""轮回""十善"为核心的，认为坚持"四谛"的基本真理就是坚持佛教的核心思想。这里的"四谛"即苦谛、集谛、灭谛、道谛。"苦谛"指人生的一切苦难，即

---

① 张诗亚：《祭坛与讲坛》，昆明：云南教育出版社2001年9月，第214页。

所谓的"生、老、病、死四大痛苦",概而言之,即人生就是苦海;"集谛"是产生一切痛苦的原因,即认为人的欲望是产生一切邪恶、一切苦恼的原因;"灭谛"是阐述消灭苦因、断绝苦果的途径和方法;"道谛"是阐述消灭苦因、断绝苦果之后所必然要出现或要达到的理想境界,即永生的"涅槃"。为了便于宣传和实现上述教义所阐明的主张,南传上座部佛教将"灭谛"中的消灭苦因、断绝苦果的途径,概括为"赕",即要"行善、布施、修来世"。基于这种理念,赕佛便成了西双版纳傣族人民日常生活不可缺少的重要组成部分。赕佛有诸多好处:赕了佛后能升天,能享福,不赕死后下地狱,要受罪;为了下一代而赕,赕后能使他们长得更健壮、更漂亮,生活也会更富裕、更幸福;做过赕,父母死后才有吃有穿;只有作赕,才能免灾除病,病了也才能尽快康复;只有作赕,才能得到大家的尊重、社会的承认,否则会被视为"卡么胡撒沙纳",即不懂教化的"生人""奴隶"。①除了各种集体的赕佛节日之外,还有许多个人的赕佛行为,如赕帕、赕老轮瓦、赕录教(俗称升和尚)、赕坦帕召、赕坦木、赕毫干、赕塔、赕白象、赶摆、赕各级僧侣的晋升、赕萨拉、赕叶毫、赕烘摁、赕吨鞭、赕墨哈班、赕麦迈哄、赕喃、赕巴都更曼、赕毫桑、赕敖恒赕发、赕赶拱、赕洒、赕烘咩、赕麦发爹、赕董瓦萨等。在这些赕佛仪式中,一般都是佛爷和大和尚直接参与,为前来赕佛的人念经或进行各种仪式。此时,佛寺里的小和尚们由于对经文的掌握程度不高,是不直接参与赕佛活动的,他们就站在旁边看(图2-10),在长期的观看中潜移默化地接受了教育,掌握了各种赕佛仪式中所要念诵的经文和整个仪式的过程。

西双版纳傣族寺庙教育是排斥女性的,即傣族女童是被排斥在寺庙教育之外的,并且其在寺庙中的活动也受到诸多的限制,体现了佛教中的男尊女卑思想(图2-11)。因而,西双版纳傣族女性是无法通过寺庙教育学习、掌握老傣文,并进而传承傣族文化的。但是,即便如此,她们仍是整个宗教活动的积极参与者,并在参与各种赕佛仪式的过程中对傣族的许多传统文化有所了解、掌握。可以说,赕佛活动是西双版纳傣族女性间接接受寺庙教育的主要方式

---

① 龚锐:《圣俗之间——西双版纳傣族赕佛世俗化的人类学研究》,昆明:云南人民出版社2008年6月,第59页。

（图2-12、图2-13）。

图2-10 在大殿门口观看赕佛的小和尚

图2-11 因来月经而被拒之大殿外的女性

图2-12 赕佛仪式中的傣族女童

图2-13 模仿大人拜佛的傣族3岁女童

另外，对一些尚未进入寺庙当和尚的傣族男童和已经还俗的傣族男子来说，各种赕佛仪式是其开始受寺庙教育熏陶或重温寺庙教育的重要途径。在这一仪式中，未入寺的傣族男童通过仪式对南传上座部佛教有了进一步的情感体验，从而使得宗教的神圣性在其幼小的心灵中扎下了根（图2-14）；还俗的傣族男子通过参加各种赕佛仪式，更加巩固了对南传上座部佛教的信仰。法国学者列维·布留尔在其著作《原始思维》一书中，曾针对成年礼发表过如下一段感慨，它同样适用于西双版纳傣族寺庙教育的情景教学法：

个体往往是在一些能够对他的情感产生最深刻印象的情况下获得这些集体表象的……这些表象的情感力量很难想象有多么强大。它们

47

的客体不是简单地以映象或心象的形式为意识所感知。恐惧、希望、宗教的恐怖、与共同的本质汇为一体的热烈盼望和迫切要求、对保护神的狂热呼吁——这一切构成了这些表象的灵魂，使行成年礼的人对它们既感到亲切，又感到可畏而且真正神圣。[①]

图 2-14　赕佛仪式中的傣族男童（中）

第六节　西双版纳傣族寺庙教育的管理体制

学校教育介入前，西双版纳傣族寺庙教育的管理体制与当时的佛寺管理制度是一致的。当时的佛寺被分为四个等级：最高一级设在召片领所在地——景帕钪，称为拉扎坦大总佛寺，是西双版纳的总佛寺，统辖着全西双版纳的佛寺；总佛寺下设 12 个版纳拉扎坦总寺和 36 个勐总寺；第三级为有四所以上村寨佛寺组成的中心佛寺——布萨堂佛寺（图 2-15、图 2-16）；最基层一级为村寨佛寺。另外，还有拉扎坦大总佛寺直辖的召片领府的几个"内佛寺"。其中，每月 15—30 日，所辖各佛寺佛爷都要到中心佛寺念经，并商讨解决各下属佛寺中大佛爷所不能解决的问题。[②]而具体到每个村寨佛寺，其管理则主要

---

① 〔法〕列维·布留尔：《原始思维》，丁由译，北京：商务印书馆 1981 年 1 月，第 26-27 页。

② 郑筱筠：《历史上中国南传上座部佛教的组织制度与社会组织制度之互动——以云南西双版纳傣族地区为例》，《世界宗教研究》2007 年第 4 期，第 45 页；刀承华，蔡荣男：《傣族文化史》，昆明：云南民族出版社 2005 年 6 月，第 211-212 页。

是由村寨佛寺的大佛爷来全权负责的。其管理的主要标准是和尚们不允许违背

图 2-15　曼短佛寺简介

图 2-16　曼短佛寺外观

寺规、戒律。如果违背了则会受到诸如罚干重活、体罚等惩罚措施的惩戒。

南传上座部佛教很重视戒律，并以此来约束信徒的言行。其戒律分为四级，即五戒、八戒、十戒和足戒（227 戒），总称四级戒。①五戒律的信条是：不杀生（主要是不要伤害人）、不偷盗（也作"不与取"）、不邪淫（含不调戏妇女）、不妄语（亦作不欺骗人）、不饮酒。八戒律的信条是：不杀生；不偷盗；不淫欲；不妄语；不饮酒；不眠坐高广华丽之床（又称不能坐在老人位之上，要守规矩）；不装饰、打扮及观听歌舞（又称不准唱歌、跳舞）；不食非时食（正午过后不吃饭，有的地区定为不准做生意，不能贪财）。十戒的信条是：不杀生，不伤害人；不偷盗；不淫欲，不调戏妇女；不欺骗人；不饮酒；时过中午不吃饭；不准唱歌跳舞；不准戴花打扮；不准坐比老人、佛爷更高的位子；不准做生意，不能贪财。②

戒律，无论是五戒、八戒、十戒或是二百二十七戒，都以五戒为基础、核心展开的。一般信徒要遵守五戒，和尚要遵守八戒和十戒，佛爷要遵守二百二十七戒。若有违背，就要被处罚，甚至被驱逐出佛寺，强迫还俗，一旦如此，此人将无法继续待在寨子里，因为他将会受到众人的蔑视，并视其为不祥。佛爷或头人违反将要受到双重处理，即不但要按寺规处理，还要由所在村寨进行

---

① 王懿之：《西双版纳小乘佛教历史考察》，出自王懿之，杨世光：《贝叶文化论》，昆明：云南人民出版社 1990 年 4 月，第 413 页。

② 此十戒为西双版纳地区南传上座部佛教的十戒戒律，其他傣族地区的与之略有不同。

处理，上报车里，然后向各勐通报，最终使其身败名裂。

所谓寺规也就是村寨佛寺里规定的一些注意事项，比如在晚上关寺门前必须返回佛寺（因为以前要求和尚必须吃住在佛寺，中间不允许回家，也不允许家人来探望），必须按照相关的规定做自己该做的事情等，如果违反这些寺规就会受到程度轻重不同的惩罚。此外，如果要求背诵的经文不能达到要求的话，也要受到体罚。在对一些经历过完整寺庙教育的傣族老人的访谈中经常可以听到他们对以前当和尚时的情景的描述：

> 以前的那些大和尚都很严格的，你要背得出（经文）就背，背不出就要拿小棍子打头或者罚你干苦活、累活。（岩温龙，73 岁）

> 以前当和尚很苦的，要去挑水、找柴、化斋，还要锄草之类的，如果谁懒了，不肯好好读经或者晚上回来晚了就要挨罚了。罚去干活。……进缅寺（西双版纳当地人对佛寺的称呼）念经，就必须要听方丈的话的，好好念经。如果调皮，不好好念经，方丈打了我们，我们回去告诉家人，被方丈知道，就不让来当和尚了，直接撵出缅寺，不要了。如果要当和尚就必须有两个家，一个是生我们的家，一个就是缅寺。在缅寺里要听大佛爷、方丈的话，在家听父母的，在寨子里要听老人的话。（岩香坎，69 岁）

第七节　西双版纳傣族寺庙教育的功能

在学校教育介入前，西双版纳傣族寺庙教育实际上承担着学校教育的许多功能，佛寺除了是傣族群众拜佛、诵经、集会社交的重要场所以外，还是傣族青少年接受南传上座部佛教教育和本民族传统文化教育的地方，因此，寺庙教育除了具有一般宗教教育的功能之外还涵盖了当前学校教育的许多功能，显示着自身超越宗教的功能。西双版纳傣族社会通过寺庙教育让傣族男子出家修习一段时间，然后又还俗（还俗者为绝大部分）的教育形式，完成了对作为一家之主的男子的初级教育，使其具备了一定的文字能力、佛法知识及天文历算等基本常识，并培育起了符合南传上座部佛教教义规范的行为准则、道德习惯。具体而言，主要包括以下几个方面：

一、传播南传上座部佛教教义和信仰

寺庙教育作为宗教的一个重要组成部分，必然具备传播宗教教义和信仰的功能，具体到西双版纳傣族地区而言，就是传播南传上座部佛教教义和信仰的功能。它的这一功能具体体现在寺庙教育的场所、师资、学制、教学内容、管理体制等各个方面。

首先，寺庙教育的场所与佛教的教义、教规有着密切的联系。西双版纳的佛寺是寺庙教育的主要场所。从前文对西双版纳傣族佛寺建筑的描述可知，在这一环境中，几乎所有的一切，包括建筑、装饰都与南传上座部佛教的教义、教规有着密切的联系。如由佛座、僧座和经书台三部分组成的大殿，佛座上供奉一尊高大的释迦牟尼佛像，佛像上方和四周悬挂幔帐、佛幡等（图2-17）；大殿围墙上绘有以释迦牟尼成佛、佛本生故事等与佛经故事题材相关的经变画（图2-18）；大殿的屋顶还有许多与佛教有关，而在一般的民居建筑中被绝对禁止使用的装饰物（图2-19、图2-20）；并且如此一座从各个方面与南传上座部佛教教义、教规有着密切联系的大殿，是整个佛寺的核心建筑，无论何种级别的僧侣或俗人进入都要脱鞋，以示尊重。

图 2-17　大殿内景

图 2-18　佛寺大殿外墙

由此可见，寺庙教育的场所无处不体现着其所信仰的南传上座部佛教的教义、教规。这里不仅是僧侣们修行、卧息之所，也是傣族人民经常出入的地方，这些建筑及其装饰所体现的教义必定会对他们信仰的形成产生潜移默化的作用。

图 2-19　寺庙屋顶的菩提叶装饰　　　　图 2-20　菩提树树叶

其次，寺庙教育的"师资"就是佛寺里的大和尚或佛爷，其本身就是南传上座部佛教教义的信仰者、实践者和传播者。

再次，西双版纳傣族寺庙教育的学制也是按照僧侣的晋升体制进行的。最初，入寺年限的长短成为能否晋升的主要标准。但是，到了佛爷以后，在考虑年龄的同时，就要严格按照自身的宗教造诣来晋升了。

最后，西双版纳傣族寺庙教育的教学内容也以巴利文和佛经故事为主。西双版纳傣族文化的重要载体是贝叶经，贝叶经除了佛教经典之外，还有一些地理、历史、法律、道德、节庆、礼仪、文学、天文、历法、医药等方面的内容。但是，要想读懂贝叶经的内容首先就要学习巴利文，而巴利文的习得只有通过在佛寺当和尚，在记诵各种赕佛活动中需要用到的经文的基础上，学习相关的语法结构才能掌握。况且，一般而言，佛寺里的主要教学内容就是佛经故事，虽然也有医学、法律、天文、历史、历法等方面的内容，但是，这些内容要么穿插于佛经故事之中，要么就是以和尚的个人爱好自学，而在佛爷的教学中，主要讲解的则是基本的佛经故事或者在各种佛事活动中需要用到的相关经文内容。并且，记载着这些佛经故事的贝叶经的起源传说也与佛教有着密切的联系。

此外，西双版纳傣族寺庙教育的管理主要是通过直接受上一级佛寺的管辖的方式来进行的，也就是说其是受宗教系统管辖的。

由此可见，无论从寺庙教育的场所、师资、学制、管理体制等方面来看，还是从其具体的教学内容而言，都是其传播南传上座部佛教教义和信仰功能的具体体现。

二、传承西双版纳傣族的民族文化

西双版纳傣族的寺庙教育之所以具有传承傣族民族文化的功能，主要是由于寺庙教育掌握了在当时能够最有效地保存和传承民族文化的载体——文字的教育权。

在文字产生之前，人类文化传承多采用口耳相传或师傅带徒弟的言传身教的方式进行。口耳相传的方式又包括多种具体形式，如通过故事、山歌等。然而，这些文化传承方式自身有着不可避免的巨大缺陷——不容易保存。例如，笔者曾经对重庆东南地区的土家族进行过实地考察，土家族一直是只有本民族语言，没有本民族文字的民族，因而他们在长期的生产生活实践中总结出来的知识经验和由此而衍生的文化，都是通过山歌的形式加以传递的，即土家族山歌（图 2-21）。但是，由于这种口耳相传的方式必须依赖人的存在而存在，即以掌握这些山歌的人的生命的存在为基础，因此，一旦此人因突发事故而死亡，并且在此之前没有把相关内容及时而又完整地教给别人，那么，土家族的民族文化的传递便会就此中断，其后代对本民族文化的了解就会不完整，甚至会促使这一民族文化走向消亡。而师傅带徒弟的方式则主要是通过师傅口头或实践操作、徒弟自己体会的言传身教的方式来实现知识、技能等方面的传递，并且一般传授的范围很小，要么是父子相传，要么就只传给几个徒弟。这种方式只适合某一门技能、技巧的传承，加之这些技能、技巧一般都不会外传太广，具有保守性，因而，以师傅带徒弟的口耳相传的方式也承担不起整个民族文化传承的重任。无论是口耳相传还是师傅带徒弟的方式，都离不开人这个载体，文化的保存和传承以一个人或某些人的存在而存在，而人的存在是受时间和空间的限制的。文字的产生则打破了这种时空的限制，使得文化的保存和传承可以相对地脱离人的存在，即文字可以超越时间、空间的限制，成为独立的客体。在这种情况下，谁掌握了文字，谁就掌握了一个民族的文化的全部，也就控制了这个民族的文化的传承。

图 2-21　土家族山歌传承人（中）

西双版纳傣族的文化主要是通过把文化的具体内容刻写在贝叶上，并制作成贝叶经的方式加以保存的。然而，这些贝叶经只被允许保存于寺庙之中，供僧侣学习或阿章抄写之用，是被禁止带入世俗的家中的，否则就会触怒神灵，招来灾祸。如此一来，如果傣族人要学习傣族文化，其最有效的方式就是到寺庙里当和尚，接受寺庙教育。当然，在南传上座部佛教与西双版纳傣族本土文化的长期磨合中，寺庙教育也对傣族的民族文化进行了整合。最终，两者已经互相渗透、不可分割，成了一个统一的整体，剥离了任何一方，傣族的文化都是不完整的。如此一来，寺庙教育也就从事实上具备了对傣族文化进行整合和传承的功能。

三、稳定傣族社会秩序

社会秩序的稳定需要一定的社会规范，社会规范是人类社会群体生活的准则，一般来说表现为四个层次：第一层次是禁忌和风俗习惯；第二层次是道德规范，即道德原则和所要求的经常重复出现的行为方式；第三层次是纪律；第四层次是法律规范。①西双版纳傣族寺庙教育稳定傣族社会秩序的功能主要是通过第一层次来体现的，具体表现为两种形式：一种是通过禁忌等无形形式，另一种则是通过佛教教义、教规、仪式等有形形式来对人们的行为规范加以约

---

① 刘稚，秦榕：《宗教与民俗》，昆明：云南人民出版社 1991 年 12 月，第 91 页。

束，而这两种形式又都集中体现在西双版纳傣族的赕佛活动中。

（一）通过禁忌等无形的形式对人们的道德行为规范加以约束

"禁忌"一词，在中国，最迟在汉代就已经出现，如《汉书·艺文志》云："及拘者为之，则牵于禁忌，泥于小数，舍人事而任鬼神。"《后汉书·朗传》则有"臣生长草野，不晓禁忌，披露肝胆，书不择言"的说法。"禁"字从"示"，而"示"字的本义为"天垂吉凶，所以示人也"。"示"字的结构也表明了这一种含义，其上部为"二"，这是古文中"上"字的另一种写法，下半部为"三垂"，代表日月星。上下结合则表达了"观乎天文，以察时变，示神事也"的意境。因此，"禁"字自其产生之初就是与某种超个人的或超自然的力量联系在一起的。"忌"的本意为"憎恶也，从心巳声"。因此，"禁""忌"在古代意思大致相同，只有些许差别。"禁"的作用力来自外在的方面，如神灵鬼怪，强调的是自然的、社会的或客观的束缚；"忌"表现的是人的好恶取向，强调的是人的主体的、内在的、情感的方面。事实上，无论发自内心还是源于外力，禁忌都是一种行为规范，旨在约束人们的言行，强调人们"不许做什么"。在这方面，虽然中西方有着巨大的文化差异，但，英语中禁忌 taboo 一词却与中国的"禁忌"一词在其本源的意义上有着惊人的相似之处。英语中的 taboo 一词来自南太平洋波利尼西亚语的 tabu。塔布（tabu）意思为"禁止与圣物或不洁物相接，否则，将招致超自然力惩罚的观念或其实践"。①

西双版纳傣族人进入佛寺后，在穿鞋方面有着相关的禁忌：傣族女性只要踏入寺院的大门就要脱鞋，而男性则可以在佛堂周围的任何区域穿着鞋子四处走动，但是，无论什么人，包括佛爷，只要进入佛堂就必须脱鞋，以示对佛祖的尊重，否则就是对佛祖的亵渎，会受到惩罚。这一禁忌至今仍为广大傣族人民所接受，上至近百岁的老人，下至还未入学的孩童（图 2-22），无人违反。这种禁忌其实在无形中增加了佛的神圣性，从而使人们对佛产生了一种敬畏的心理，进一步强化了佛在人们心中神圣不可侵犯的地位。

---

① 陆谷孙：《英汉大词典》（缩印本），上海：上海译文出版社 1993 年 8 月，第 1919 页。

图 2-22　傣族女童拎着鞋子穿过寺院

另外，在考察中笔者还遇到一位傣族姑娘——玉扁。她曾经考上了北方的一所大学，但是由于对所学专业不感兴趣，中途便退学了。退学后就去考了导游，现在在各地带旅游团，她向我讲述了一个和她自己相关的故事：

　　我有一次发生车祸了，就是因为我舅妈睡了我的床。我去外面带团旅游，车翻了，掉进了沟里，其他所有人都伤得很严重。我坐在最前坐，但我一点伤都没有，还好好坐着。所以，我妈妈就觉得比较奇怪，因为人家都住院了。我妈妈就去赎佛，佛爷就说是我老祖宗保佑我。但是，以后也不允许别人来睡我的床了。到后来就没有别人睡了，我去全国各地也没有发生什么，就那一次，就是因为我舅妈睡我的床。

玉扁之所以把自己发生车祸的原因和舅妈睡了她的床相联系起来，是源于傣族的一个禁忌：傣族人认为卧室是积聚家人灵魂的地方，祖先的灵魂也在卧室里保佑着他们，被外人看了，就会把灵魂吓跑，从而使得家人不得安宁，并且带来坏的运气，甚至无妄之灾。因而，傣族人的卧室是外人的禁区，即使是已经出嫁了的孩子回来也是不允许进卧室的，家里来了客人只能睡在客厅的火塘旁。

类似的事情还发生在玉扁的父亲身上。玉扁的父亲是他们村子里的支部书记，在我调查期间正碰上他们家去寺庙赎佛，主要是因为那天是玉扁的爷爷过世周年，他们这次赕佛的目的主要是为了超度先人，并且为自己和亲人祈福。其中有一个环节就是要在第一天晚上为死者"喊魂"，让亲人回来把后辈送给他们的东西拿走。因为白天的时候，他十分热情地答应了我随意拍摄、观看的请求，我认为晚上也应该没有关系，因此就准备晚上待在寺里观察他们的"喊魂"仪式。但是，当他得知我的打算后，便跑来劝说我晚上不要待在寺里。我做了多方面的解释，希望能得到他的理解，他却无论如何也不答应。他说，虽然看起来这是迷信，按理讲他是不应该信这些的，但是，为了我，也为了他们好，还是希望我不要留在寺内，因为这是有一些忌讳的，我留下的话，会给我带来不好的事情，也会给他们带来不好的事情。为了尊重他们的"禁忌"，我便不再坚持，当晚就返回了住处。

按理讲，玉扁和他的父亲，一个是受过高等教育的人（虽然没有完成学业，但是，毕竟应该具备一定的科学知识），一个是村里的支部书记，与一般的傣族群众相比，是不应该顾及这些禁忌的。然而只要了解了禁忌发挥作用的机制，就很容易理解玉扁和他父亲的行为了。禁忌主要源于人们对未知世界的"畏惧"心理，它就像一个"危险的符号"随时指令人们的行为模式，警诫人们采取禁止、回避的方式尽量不与某些危险的事物相冲突或者发生接触，否则，将会导致灾难，受到报应和惩罚。这种禁忌主要是依靠共同忌讳下的"自我扼制"的集体意识，靠人们精神上自发的力量来控制人们的行为的。而这种被禁止的行为，向人们设置了无数条警戒线，虽然没有任何文字上的公告，却没有人可以逃脱它。如有违反，就必须付出代价，遭到惩罚。它是一种约束面非常广的社会行为规范。从吃穿住行到心理活动、从行为到语言，人们都自觉地遵从禁忌的命令，可以说，禁忌像一只看不见的手，暗中支配着人们的行为，起着一种社会协调、整合的作用，有助于社会关系和社会秩序的建立和延续。

西双版纳傣族寺庙教育通过禁忌来对人们的道德行为规范进行约束的方式，实际上就是把违反禁忌所造成的不良后果转化成一种社会压力，当人们超越了社会所认可的道德行为规范的界线，"社会压力常会把他们拉回来。这种压力可能是极难觉察，也可能是显而易见，无论其形式如何，它是社会控制的

十分行之有效的方法"①。正如德国学者卡西尔所说：

> 它（禁忌）仅仅建立在恐惧的基础上，起着阻碍进步的作用并且妨碍着靠人的能力和勤奋来自由地利用自然的进程。但是，出于对一种异于人的未知而友好的力量的尊重而对人的特权的限制，不管在细节上对我们会显得如何的琐碎和可笑，它们却包含着社会进步和道德秩序的活生生的原则。②

（二）通过佛教教义、教规、仪式等有形形式来对人们的行为规范加以约束

南传上座部佛教在长期的历史过程中，把自己的各种教义、教规与人们日常生活所需的行为规范结合起来，制定了一系列十分符合人们日常生活中所需要遵守的一般的道德标准的戒律，易于为广大傣族人民所接受。

南传上座部佛教规定，一般信徒所需要遵守的"五戒"并非是一般百姓所不能企及的，而是十分接近于一般百姓的日常道德标准的。寺庙教育通过以"五戒"为核心的戒律的扩展，把一般信徒、和尚和佛爷区分开，并同时通过这些戒律对傣族人民的行为规范进行约束，从而起到了稳定社会秩序的作用。在西双版纳傣族地区，一般傣族人家院落的围墙是十分矮小的，并无真正的防范作用，只是一个象征性的独立院落的标志（图 2-23）；干栏式建筑的房屋，只是在楼梯的底部用一个竹子做的篱笆门稍微挡一下，以示主人不在家就可以了，即使上锁也很容易翻越（图 2-24）。在西双版纳傣族地区进行实地考察期间，可以深切地感受到傣族社会安定、民风淳朴、家庭和睦、邻里相亲人际关系融洽的良好社会秩序。在多次实地考察期间，所考察的傣族村寨从未发生过一起争吵事件。这种安定的社会秩序不能不说与西双版纳傣族地区傣族人民全民信教并接受南传上座部佛教的戒律有着密切的关系。

西双版纳傣族是一个全民信教的族群，宗教节日繁多，而且，这些宗教节日都以赕佛为其核心内容。据相关研究者的不完全统计，傣族有明确名称的赕

---

① 〔美〕F.普洛格，D. G. 贝茨：《文化演进与人类行为》，吴爱明，邓勇译，沈阳：辽宁人民出版社 1988 年 10 月，第 542 页。

② 〔德〕恩斯特·卡西尔：《人论》，甘阳译，上海：上海译文出版社 1985 年 12 月，第 135 页。

图 2-23 傣族人家低矮的围墙

图 2-24 竹篱笆门（楼梯中间）

佛活动共有四十余种之多。①赕佛在本质上讲属于宗教礼仪活动的形式范畴，是信教者用来沟通人与佛之间关系的一种规范化的行为表达方式。通过赕佛的各种宗教仪式中不同的人群在赕佛中出场的先后次序、座次的排列、对待不同身份的人的不同行为方式，从而对人在日常社会中的行为规范进行了规定。

此外，赕佛还可以通过物质调剂来实现一定程度上的贫富差距的消解，从而起到稳定社会秩序的作用。西双版纳傣族的赕佛活动主要是为了给自己或子孙增添功德，但是，为了使"赕"奏效，所有的赕都必须合乎两点要求：一是一个人打算贡献的物品必须是他的正当所得；二是做供奉必须诚心诚意、出于自愿、不在意酬报。关于赕的效用问题还有一种看法：如果一个人所供奉的多于自己留下的，他挣的功德最多；如果供奉与留下的相等，挣得不多不少；供奉少于留下的，挣得最少。由此可见，赕佛者挣得的功德量不取决于它所供奉的绝对数量，而取决于相对于其生活水准的数量。在西双版纳还流传着一个与之相关的故事：

　　一位召勐做赕炫耀，供奉了一大笔财富，建造了一些宏伟华丽的

---

① 具体的有赕塔、赕录教、赕新年、赕坦木、赕星、赕关门节、赕开门节、赕豪干节、赕各种僧侣的晋升、赕萨拉帅、赕比得嘎、赕维先答腊、赕麦怀摆那、赕墨哈班、赕南磨、赕毫桑、赕迈哄、赕帕、赕老轮瓦、赕岗、赕坦帕召、赕白象、赕萨拉、赕叶毫、赕烘摁、赕吨鞭、赕喃、赕转滚呆、赕巴都更曼、赕敖恒赕发、赕赶拱、赕洒、赕哄咩、赕麦发爹、赕董瓦萨、赕坦帽坦骚、赕嗦啰、赕发洼、赕苏马龙、赕每卡西利龙、赕多口每等。参见龚锐：《圣俗之间——西双版纳傣族赕佛世俗化的人类学研究》，昆明：云南人民出版社 2008 年 6 月，第 69-80 页。

宝塔和寺院；一位虔诚但是贫穷的寡妇没有东西可供，就用沙造了一座塔来赕（图 2-25），而且"雅南"（滴水），她的虔诚感动了上天与大地。召勐造的雄伟华丽的宝塔和寺院倒塌了，寡妇造的沙塔却没有塌。寡妇得到很多功德，召勐却没有得到。[①]

图 2-25　堆沙塔

因此，西双版纳傣族南传上座部佛教的赕佛并非根据财富的绝对数量来衡量一个人的功德多少，而是根据个人的能力，如此一来，富裕者为了得到更多的功德就会自愿把家里的大部分财产拿出来赕给寺庙，而寺庙则通过象征性地收取一点费用的形式把人们赕佛的物品"卖"给需要的人（图 2-26、图 2-27），或者以捐助与赈济的形式，再把这些东西捐助给穷人。这就在一定程度上实现了通过"劫富济贫"的方式对物资再分配的调剂功能，从而起到了拉小贫富差距、稳定社会秩序的作用。这种"劫富济贫"的方式在当前的西双版纳傣族地区仍然存在。

其实，西双版纳傣族作为一个全民信教的族群，其所信仰的南传上座部佛教作为宗教的一种，本身就具备宗教自身的社会认同功能，即宗教通过动用超自然力量的神秘方式，把社会观念神圣化，使人们接受和认同现存社会关系、社会秩序及个人在社会中的地位、角色，而具有维护与稳定社会现状的功能。[②]

---

① 谭乐山：《南传上座部佛教与傣族村社经济——对中国西南西双版纳的比较研究》，赵效牛译，昆明：云南大学出版社 2005 年 10 月，第 77-78 页。

② 龚锐：《圣俗之间——西双版纳傣族赕佛世俗化的人类学研究》，昆明：云南人民出版社 2008 年 6 月，第 7 页。

图 2-26 挑选需要的物品

图 2-27 前往寺庙购买赕佛物品的人

四、强化个体的民族认同

"认同"一词最早由威廉·詹姆斯（William James）和西格蒙德·弗洛伊德（Sigmund Freud）提出。詹姆斯曾用"性格"一词表示它内在的认同感受："一个人的性格特征可以在精神或道德态度上看出，当这种情形突然发生在自己身上时，他会感到自己充满生机和活力。这一刻，有一种发自内心的声音在说，这次是真正的自我。"弗洛伊德于 1921 年首次使用这一概念，把认同"看作是一个心理过程，是个人向另一个人或团体的价值、规范与面貌去模仿、内化并形成自己的行为模式的过程，认同是个体与他人有情感联系的原初形式"[①]。理论上的"认同"一词所对应的英文是"identity"，词源为拉丁文idem，英文意思为 the same（相同）。[②]关于"认同"一词的英文含义，英国社会学家理查德·简金斯（Richard Jenkins）做了考察，认为"认同"一词有两个含义：第一，同一性，即两者之间的相同或同一；第二，独特性，它表现为在时间跨度中所体现出来的一致性和连贯性。由此可见，"认同"揭示了"相似"（similarity）与"差别"（difference）的关系。"同一"（或相似）与"差别"是认同的两个不同的方面。一个人的前后同一性或一个群体的成员之间的相似性，同时也构成与他者（这个"他者"既可以是个体也可以是

---

① 转引自梁丽萍：《中国人的宗教心理》，北京：社会科学文献出版社 2004 年 3 月，第 12 页。

② 陆谷孙：《英汉大词典》（缩印本），上海：上海译文出版社 1993 年 8 月，第 870 页。

群体）的差别。①

一个民族之所以被冠之以某个独特的名称，其原因就在于这一群体内部有着某种共性。这种共性，正是此民族与他民族区分的标志，也就是说作为此民族内部认同的共性极有可能就是与他民族的差异性，而这些差异主要是通过一些特定的物品或活动来加以区分的。同样对个体而言，这些特定的物品或活动也就成了一个人的文化身份的标志。有了相应的文化身份的认可，个体才可以得到作为同一文化共同体所应享有的各种权利。也就是说通过代表某一群体的社会对个体的认同将关系到个体能否在当前的社会环境中获得正常的生存发展所需，如能否得到一般人都应该拥有的社会生活交往空间、人际关系等。具体到西双版纳傣族而言，其寺庙教育本身就是这种"特定的物品"，就是说傣族男童是否进入佛寺当和尚，并接受寺庙教育，这一行为本身就是傣族民族认同的一个重要标志。正如前面所讲，西双版纳傣族人认为只有当过和尚，接受过寺庙教育的人才是有教养、有学问的人，才会受到社会的尊重。相反，如果一个人没当过和尚，就会被视为没有文化知识的人，被称为"岩百""岩令"，即没有知识、不开化的愚人，遭到公众的鄙视，不能得到社会的认可，没有社会地位，长大后甚至难于娶妻，因为没有人愿意嫁给他。如果以后寨子里出现了诸如瘟疫、意外死亡等各种灾难的话，人们就会把责任推到这些没有当过和尚的"岩令"的身上，他们遭到众人的排斥，成为其他社会成员眼中的与一般人"格格不入"的"怪人"，从而无法享受正常的社会活动的权利，甚至被赶出寨子。

在西双版纳考察期间，笔者曾问过都三佛爷：你觉得到佛寺里当过和尚的男童与没有到佛寺里当过和尚的男童有什么区别？都三佛爷回答说：

> 到佛寺里当过和尚的小孩懂得各种礼仪，对佛爷都很尊敬，也懂得尊敬老人，做事情很规矩；没有当过的小孩就不懂得这些礼仪，反正就是不懂事啦。

一位当过佛爷且正在学校里工作的傣族教师——岩龙也说：

> 当过和尚的，经过佛经的教育，他懂的道理可能要多点。在佛经里学到的内容，跟我们傣族在思想上是一致的，更懂事一点。

---

① 张向东：《认同的概念辨析》，《湖南社会科学》2006 年第 3 期，第 78 页。

通过对寨子里老人的访谈，发现他们的答案与都三佛爷和岩龙老师的回答大体一致，他们也都认为傣族男童还是要进入寺庙当和尚"学学规矩"的。

由此可见，西双版纳傣族寺庙教育的主要功能之一就在于使一般男子成为傣族社会所认可和接纳的合格之人，而这种合格，只能通过寺庙教育的方式，由寺庙教育赋予。

实际上，这种傣族认同的过程其实也是傣族男子社会化的过程。社会化是指人自身的一种成长发展过程，即人通过社会互动，形成人的社会属性，促使个人和社会保持一致性，从而取得被社会认可的地位，成为一个具有"社会资格"的人[①]。具体而言，就是人们在社会实践中通过学习获得符合特定社会要求的知识、技能、习惯、价值观、态度理想和行为模式，成为合格的社会成员，并履行其社会职责的过程。人为什么有被社会认可的需要呢？这是因为是否得到社会的认可将关系到一个人能否在现有的社会规范、社会制度中正常生活、生存，能否得到一般社会成员所应该拥有的正常的社会地位、社会关系等。人具有社会性，这种社会性使得个体的人需要得到社会的认可，需要有归属感，任何孤立的个人都不可能在当前的社会中快乐地生存下去，而是会遭到其他社会成员的排斥，甚至剥夺了其作为一般的社会成员所应享有的某些权利。因而，个体要在社会中生活，必须获得社会认同，否则便无法立足于社会。正如一位研究西双版纳南传上座部佛教的学者所说：

> 在南传佛教强大的精神力量感召之下，在南传佛教严密的宗教组织"凝聚"功能的整合之下，长期以来西双版纳傣族广大信教民众被有效地聚集在南传佛教的共同体内，使南传佛教成为西双版纳傣族具有共同宗教价值观念、共同宗教价值取向的精神文化载体。南传佛教使他们明确地产生出强烈归属感，形成了一个具有共同心理、共同信仰、共同责任和共同价值观的共同体。因此，西双版纳傣族人民心甘情愿地以各种形式的赕来获取社会的认同，使自己迅速地拥有一种可靠的归属感。[②]

---

① 徐保风：《道德个体社会化的双重路径》，《中南林业科技大学学报（社会科学版）》2008 年第 5 期，第 8-12 页。

② 龚锐：《圣俗之间——西双版纳傣族赕佛世俗化的人类学研究》，昆明：云南人民出版社 2008 年 6月，第 80 页。

第三章

西双版纳傣族寺庙教育
与学校教育现状

随着社会的发展，西双版纳傣族人民的生产生活方式发生了很大变化：原有的封闭的生活环境被打破，越来越多的外来人口涌入西双版纳地区，传统农业社会的生产生活方式受到了现代工业文明的冲击。在教育领域，随着学校教育的介入，西双版纳傣族的教育形式及其格局也发生了相应的变化：许多原来由寺庙教育承担的任务转移到了学校，寺庙教育的内容和功能逐渐窄化；与此同时，随着社会的变迁，寺庙教育自身也出现了世俗化的趋势和管理松散的状态。此时的学校教育在政府的大力支持下，教学的硬件设施得到了极大的改善，但同时，学校教育也存在着学生入学和升学的积极性不高、学生"间歇性辍学"现象严重、学业成绩普遍较差、学生早恋现象严重、教师的教学积极性不高、师生冲突时有发生、师资专业结构不合理等诸多问题。而寺庙教育与学校教育间的问题则具体表现为在生源、时间、所倡导的人生观、和尚生①自身的身份等方面的对立冲突。

---

① 和尚生是指西双版纳地区信仰南传上座部佛教民族的男童，在遵守到了一定年龄必须入寺当和尚的习俗的同时，又要接受学校教育，以完成国家规定的义务教育阶段学习的在校学生。

第一节　西双版纳傣族寺庙教育现状

随着社会政治、经济、文化的发展，尤其是在现代学校教育介入后，西双版纳傣族寺庙教育的具体状况也随之发生了一定的变化：寺庙教育在学制、教师、场所方面没有太大的变化，仍沿袭现代学校教育介入前的状态，但是，在教育内容、功能和管理方面则发生了很大变化，具体表现在寺庙教育内容窄化、寺庙教育功能世俗化、寺庙教育管理松散等方面。

一、寺庙教育内容窄化

在佛教传入前，西双版纳傣族文化均以言传身教、口耳相传的方式世代传承。随着佛教的传播和发展，傣族有了自己的文字，这使得傣族的教育形态从根本上发生了变化。对傣族文字和文化典籍的绝对控制，又使得寺庙教育几乎从各个环节取代了各种世俗的教育形态，成为傣族文化传承的主要方式。寺庙教育的内容涵盖极广，不仅包括佛教的教义、教规、戒律，以及各种佛教经典，还涉及天文、历法、历史、地理、医学、法律、文学、体育，以及各种生产生活知识，因而，有学者称傣族寺庙是"傣族社会的特殊学校"[①]是十分形象和贴切的。

但是，随着社会的发展，各种媒介的介入，尤其是现代学校教育的介入，人们传承文化、学习新知识的途径大大增加，破除了寺庙教育"一枝独秀"的状态，这一变化使寺庙教育在傣族文化传承中的主宰地位受到了冲击和削弱，寺庙教育的内容出现了窄化趋势——其教育内容仅仅限于南传上座部佛教的教义、教规、戒律，甚至连佛教经典经文也只限于在各种赕佛仪式上需要诵读的经文内容。在学校教育介入前，在学习佛经经文时，小和尚们还需要先在佛爷或大和尚的带领下学习和掌握老傣文的文字、句法、结构等相关的知识，但是，现在这些基本的内容也都免除了，而是仅仅采用反复诵读的方法让小和尚

---

① 刀波：《试论南传上座部佛教对傣族教育的积极影响》，《民族教育研究》1998 年第 3 期，第 26 页。

们强行背诵与各种赕佛仪式相关的内容，而对这些小和尚而言，这些经文实际上就是一点儿也看不懂的"天书"。甚至当前还出现了许多寺庙使用现代印刷技术印制了许多用汉字标注老傣文经书发音，以帮助小和尚们记诵经文的小册子（图3-1）。

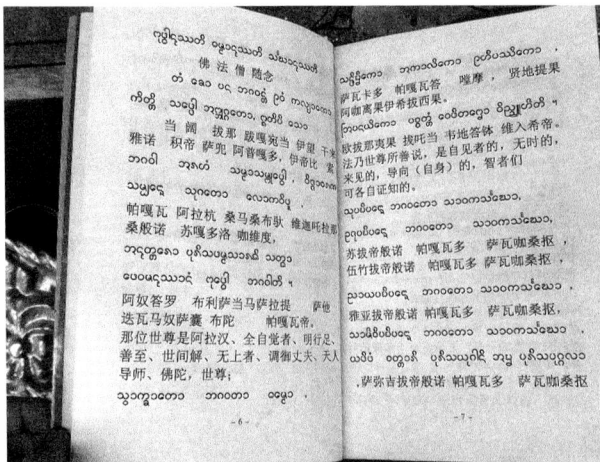

图 3-1　用汉字标注老傣文发音的经书

　　在西双版纳实地考察期间，笔者曾问过曼罗村佛寺的都三佛爷，为什么不像以前一样教他们老傣文的句法、结构和医学、历法、生产技能方面的知识。都三佛爷回答说：

> 　　现在的小和尚在庙里已经不学这些东西了，现在不教了。现在这块都是学校在教了。以前很多和尚都要当到佛爷才还俗的，十几年的时间，自然能学到很多的东西了。现在的小和尚来庙里当和尚的时间很短的，一般都当个几个月、一年、两年的，等他们初中毕业了也就还俗了，根本学不到什么的。现在只要求他们诵记一些做佛事时需要的经文就可以了。这样寨子里的人来赕佛，他们就可以帮我念经什么的啦，要不然我一个人忙不过来的。

　　由此可见，现代学校教育的介入是促使西双版纳傣族传统寺庙教育内容窄化的一个重要原因。而与以前相比，傣族男童来寺庙里当和尚的时间越来越短，各种佛事活动却未减少，使得佛爷们不得不采取"捷径"，以直接让小和尚强行诵记一些和各种佛事活动直接相关的经文的办法来弥补一时之需，这也是促使寺庙教育内容窄化的重要原因之一。

二、寺庙教育功能世俗化

在现代学校教育介入前，西双版纳傣族寺庙教育许多功能的发挥都是依赖佛教自身的神圣性实现的，但是，随着社会的发展，各种媒介的介入使得人们对宗教有了理性的认识，南传上座部佛教也从人们心中逐渐褪去神圣的外衣，接受傣族民众的审视，这也必然致使傣族寺庙教育朝着世俗化的方向演进。主要表现在以下几个方面。

（一）传播南传上座部佛教功能的弱化

随着现代学校教育的介入，以及各种媒介，如电视机、电脑、手机等设备，尤其是电视在西双版纳傣族人民社会生活中的普及，傣族人对各种自然现象和社会现象有了进一步认识，同时也对其所信仰的南传上座部佛教有了更为理性的认识。现在，西双版纳傣族地区许多20岁左右的年轻人，甚至一些佛爷对南传上座部佛教的部分内容有了不同的看法，这在某种程度上削弱了南传上座部佛教的神圣性，从而使得建立在其神圣性基础上的寺庙教育传播南传上座部佛教的功能也随之弱化。

傣族地区某学校的岩龙老师曾说，在他当佛爷期间，同时也在外地上大学，每次放假回家，他都会把在学校里学到的科学知识讲给佛寺里的和尚和家里的老人听：

> 我当时还回去（指学校放假回家）告诉我的母亲：地球是圆的。我们傣族很多人都认为地球是平的，是一层一层的。我讲给我母亲，但是老人的思想是改变不了的，很顽固。我说，释迦牟尼也是人，只是他创造了我们这个佛教而已。但是老人不相信，他们不愿接受这些，他们认为释迦牟尼是神，他永远不会死。他们想不通的。但是，你告诉现在的小和尚地球是圆的，他们是相信的。因为他们在学校里或在电视里都听说过这些方面的知识。

在考察时也曾经问过正在寺庙当和尚的"和尚生"：为什么要到寺庙里当

和尚？他们有的说："看到我好朋友来，我就来了。"有的回答："是我爸妈叫我来的。"有的则说："庙里好玩。"

（二）佛爷和和尚寺庙生活方式的世俗化

随着佛教神圣性的削弱，佛爷和和尚的生活方式也出现了世俗化的倾向。通过考察发现，几乎所有的寺庙的生活设备都十分现代化，电视、电脑、冰箱、打印机、手机，甚至跑步机，一应俱全（图3-2、图3-3）。除了身上披着袈裟和住在寺庙里之外，其生活与一般人似乎没有任何区别。

图3-2 都三佛爷的电脑（左）和电视（右）

图3-3 都三佛爷的打印机（左）和跑步机（右）

以所考察的曼罗村村寺佛爷都三佛爷一天的日常生活为例就可以印证这一点。都三佛爷，22岁。说实话，笔者第一次见到都三佛爷的时候感到非常意外，因为都三佛爷给我的第一印象其实就是一个腼腆的大男孩，离我心目中佛爷所应具有的慈祥、儒雅，既有距离感又有亲切感的想象相差甚远。都三佛爷说，现在西双版纳许多佛寺里的佛爷都很年轻，都是20多岁，因为再大了就要还俗了，很少有人愿意一生为僧的。都三佛爷本身不是曼罗村人，他的世俗的家是在勐混镇，妈妈是曼罗村人。由于曼罗村傣族男子没有人愿意做佛爷了，于是，就通过他的外婆把他请到曼罗村做佛爷。

都三佛爷一天的生活一般是从早上6点多开始的。早上起床后，洗漱完毕，由于当时是关门节期间，大约7点左右，他便和大和尚们去佛堂做早念（平时是不做早念的）。然后，小和尚们打扫一下佛寺，玩耍一会儿，到学校外面的摊点买点早点吃就到教室准备上课了（图3-4、图3-5）。曼罗村佛寺一共有11个和尚，只有2个大和尚已经初中毕业，不再上学。由于当地政府规定，小和尚在义务教育期间，必须以学校教育为主，按照法律规定完成义务教育的学业内容，所以，等小和尚们走后，佛寺便安静了下来。由于曼罗村佛寺里的和尚都是本村人，所以两个不上学的大和尚在此期间或者回家看电视，或者骑摩托车到外面去玩。此时的曼罗村佛寺中就只剩都三佛爷一人。

图3-4 村寨门口的小吃摊

图3-5 学校门口的早点摊

由于都三佛爷比较年轻，十分容易接受现代新生事物，所以，当他到勐海县城办事期间，一个偶然的机会进入网吧接触到电脑后，就意识到这个东西很重要，于是不久便给自己买了一台电脑，然后自己找来电脑操作方面的书慢慢研究。此外，都三佛爷还买了一架数码相机。白天，小和尚们去学校读书，不在寺庙的时候，都三佛爷就一个人在僧舍里上网看看电视、电影，聊聊QQ，有时候自己也找来书本学习一些电脑软件的相关知识。都三佛爷的电脑技术还是很不错的，据他们村里的老人讲：都三佛爷买电脑的时候，他们村只有两台电脑，一台是学校里的，还有一台就是都三佛爷的。而且，当时学校里的老师有时候还到都三佛爷这里来请教电脑知识呢！说这话时，老人的语气充满着自豪，好像这是全村人的骄傲。在曼罗村寺庙考察期间，白天不时会有一些本村或周围村子的年轻人来向都三佛爷请教电脑知识，都三佛爷都很耐心地给他们讲解。

中午，吃完午饭，都三佛爷一般要午休一会儿。正在上学的小和尚们也都放学并从家里吃完午饭，陆续回到了佛寺。他们就在佛寺里互相打闹玩耍一阵，由于佛寺与学校的距离很近，走路几分钟就到了，他们总是等到离上课还有几分钟的时候，才往学校赶。

下午的曼罗村佛寺十分安静，有时候都三佛爷也不在寺里，而是回到他在勐混镇的家里，去看望家人；有时候就骑着村民赊给他的"高级摩托车"到勐海县城去买东西；有时也会有一些村民因为家里有人生病或遇到什么不顺心的事情而请他到家里念经；有时还会有一些村民到佛寺里来进行私人的小型赕佛活动；偶尔还会有一些拉祜族、布朗族或其他经济状况相对较差民族的人到佛寺里来买傣族人赕佛的物品，这时候村子里负责寺庙管理的几位老人也都要过来，因为按规定这些钱不是归佛寺里的佛爷的，而是要由村子里选出的由德高望重的老人组成的管理委员会来统一管理，以用于寺庙的维护和修缮。

小和尚们下午放学时，没过多久太阳就要落山了。和尚们这时都回到了佛寺，在太阳落山之前，他们要在都三佛爷的带领下到佛堂再念一次经，被称作"晚念"（图3-6）。晚念结束后，和尚们便各自回家吃饭去了。都三佛爷就一个人在佛寺里做点饭吃。米和菜都是由村民分摊送来的。他自己也喂了一些鸡，有时也逮来宰了吃，这时候他就会让小和尚们留在寺庙里和他一起吃晚饭（图3-7），并且把村子里负责管理佛寺日常事务的老人们也请来，到集市上再买上几个菜、饮料和酒（主要是给老人们喝的，都三佛爷本人是不喝酒的），给大家"改善伙食"。

晚上9点之前，和尚们又都陆续回到了寺庙，都三佛爷便带领和尚们学习经文。据小和尚说，有时候是大和尚带着念，这个时候，都三佛爷就自己在屋里上网。有一次，为了去考察他们教学的具体情况，笔者专门和都三佛爷打了招呼并获得了允许。那一天，都三佛爷亲自带领小和尚们念经，从晚上9点到10点多（图3-8）。据和尚们说，那晚是他们念经时间最长的一次。念完经，和尚们要么在僧舍大厅里看电视，要么就到都三佛爷的房间里看都三佛爷上网，困了的时候，便各自回僧舍睡觉。

图 3-6　晚念

图 3-7　帮忙准备晚饭的和尚

图 3-8　学习经文

其实，从都三佛爷和和尚们一天生活的大致情况可以看出，他们的日常生活和一般傣族人相比，除了披着袈裟、要学习经文、要睡在寺庙里外，已经没有什么区别了。而且很多在以前看来是要被绝对禁止的事情，现在也十分正常了。比如，以前规定傣族男童"升和尚"以后，即便是自己的家和寺庙离得很近，就在同一个村寨里，也必须在寺庙里吃住，不许回到世俗的家，也不允许家人专门前来看望。但是，据都三佛爷讲，现在出于对孩子的溺爱，"他们的爹妈不放心他们在这（佛寺）里吃，平时就回家吃饭"。只是要求他们晚上必须要回寺庙住宿。有时候，都三佛爷也会骑着村民赊给他的摩托车回他在勐混镇的世俗的家，这在以往也是绝对禁止的。以前，傣族男子在当和尚期间是不允许去帮家人干活的，因为，和尚一旦披上了袈裟便代表佛祖，但是，现在有些和尚平时也会帮家里干一些活。

笔者在西双版纳考察期间，除了曼罗村的佛寺外，还对周围其他村寨的佛寺作了了解。通过考察发现，大多数佛寺中的佛爷和小和尚的宿舍里都无一例外地贴着明星画（图3-9），而且，佛寺周围的墙壁上都用粉笔或油漆写着"我爱××"的汉字（图3-10）。有的佛寺甚至被一些私人企业承包，成了旅游景点，比如离曼罗村不远的景真八角亭所在的景真村的佛寺。由于景真村佛寺内有一座建于傣历1063年（公历1701年）的景真八角亭，历史上曾是景真土司召集各地头人议事和僧侣决定重大事宜开会的地方，相传是按照佛祖释迦牟尼的金纱台帽"卡中罕"的样式修建的，造型奇特美观，被认为是傣族人民智慧的结晶，具有很高的文化和艺术价值，因而，成了西双版纳地区重要的旅游景点之一。现在，景真佛寺作为景点被一家企业承包下来，并作为当地的一个旅游项目进行开发，每天来这里的游人很多。佛寺和承包企业达成了一项协议：门票的收入归企业，游客捐的钱归佛寺。受这些外来因素的刺激，景真佛寺里的僧侣们也开发了一些为游客开光赐福、抽签算命和卖五彩线编制的首饰的意在"赚钱"的项目（图3-11、图3-12），这实际上已经违反了南传上座部佛教所有僧侣都应该遵守的"十戒"中的"不准做生意，不能贪财"的戒律，同时也冲淡了南传上座部佛教的严肃性和神圣性，从而使其更加具有功利性和世俗化的倾向。

图3-9　僧舍里的明星画和漫画

图3-10　寺庙浴室的外墙上写着"爱你玉叫"

图 3-11　为游客算命和卖五彩线首饰的
　　　　　"小摊"

图 3-12　抽签算命的傣族小姑娘

南传上座部佛教的戒律有五戒、八戒、十戒和二百二十七戒。其中，僧侣都要遵守的至少是十戒，佛爷的戒律比和尚的更多，共 227 条，要求更苛刻一些。但是，现在已经充分考虑了人的基本世俗欲望的情况下制定的戒律已经在很多方面，如"不饮酒；时过中午不吃饭；不准唱歌跳舞；不准做生意，不能贪财"的戒律都已经被打破。笔者所考察的曼罗村的都三佛爷之所以仍被当地村民视为一个好佛爷的原因有很多，其中很重要的一条就是"都三佛爷不吸烟、不喝酒、不去娱乐场所"，并且其所在佛寺被多次授予"优秀场所""模范佛寺"称号（图 3-13）。这说明在如今的西双版纳已经很难找到不吸烟、不喝酒、不去娱乐场所的佛爷了。但是，问都三佛爷是不是要还俗的时候，都三佛爷很肯定地说要还俗的，只是由于现在寨子里还没有合适的人来当佛爷，一旦有合适的人选来接替他，他就要还俗了。

图 3-13　曼罗佛寺获得的各种荣誉

当前的西双版纳几乎找不到愿意一辈子不还俗的和尚了，之所以还有个别佛爷不愿意还俗，原因是多方面的，其中就有许多世俗性的考虑。在曼罗村考察时，笔者问佛寺里的一位想继续留在庙里当佛爷的大和尚原因时，他说："当了佛爷就有钱了啊，就可以买一辆和都三佛爷一样的有音响的高级摩托车。"（图 3-14）由此可见，这位大和尚只是把做佛爷当成了一种谋生的手段，而不是因为他对佛教的坚定信仰。

图 3-14　都三佛爷的摩托车

另外，学会诵读经文也能够得到点钱，这也许是许多小和尚努力学习经文的一个重要动力。虽然佛教的神圣性被削弱了，但并不等于说不存在了，现实中还是有很多傣族人来赕佛的，只是赕佛的功利性胜过了对佛教的信仰。每次赕佛活动，他们总会给佛爷一些钱作为答谢。如果和尚们学会诵记与这些赕佛仪式相关的经文，就有与佛爷一起去念经的机会。仪式结束后，佛爷也就会从收到的酬劳中拿出一部分分给他们，虽然不是很多，每次可能也就几块、十几块，但是，毕竟要比没有这些机会的小和尚在出去玩时出手大方得多。因此，许多小和尚进入寺庙学习经文的动力似乎就是为了其小小的功利性的目的——赚点零花钱（图 3-15）。

佛教的神圣性，其实就是靠相对于一般人而言，和尚、佛爷所要遵守的"戒律"要相对严格来加以强化的。一旦这些戒律被打破，佛教的神圣性也就被逐渐削弱，甚至丧失了。正如岩温龙老人所说：

> 以前当和尚，没人送饭到佛寺，要自己去化斋饭，自己不去的话

图 3-15　翻找赎佛物品的小和尚

注：两个小和尚正在翻找佛寺管理人员清理过的赎佛物品，左边的小和尚正从一个经幡上扯下一张佛寺管理人员遗漏的五角钱，嘴里还叼着一支烟

就没得吃。现在规定都是一个寨子的每户人家轮流送饭，只送给佛爷，其他的和尚都自己回家吃饭。以前是不准回家的，到了寺庙后就应该和家里面的关系断了，不能再想家里面的什么事，家里面的人有什么事也不能去找你。以前和尚是不准穿日常生活的衣服、裤子的，现在，穿什么的都有了。现在啊，变化了。和我们没有什么两样了，只是披一下袈裟，做一下佛事而已了，还有就是比如过年、上新房、结婚、死人、赎佛什么的，这些要叫和尚来做佛事的。变了，不一样了……

西双版纳南传上座部佛教自身神圣性的削弱，必定会在村民们对待佛爷、和尚的态度上有所反应。按照佛教的教义、教规，凡是俗人见到和尚，哪怕是祖母见到了自己当和尚的孙儿都要避让，不能踩到他们的影子，不能抬头看，更不能随便说话的。就像岩香坎老人描述的那样：

女性从佛爷面前过，都要拉紧裙子，弓着腰，还要说"对不起"才能过去。我们那时候，老人还不准踩和尚的影子，所以，为了不踩到他的影子，和尚走到哪里，老人和妇女都要让开。一般人骑着马比和尚高了，都还要下来。现在变了很多了，我小的时候还记得，只要我披着袈裟，我外婆见到我都要让开，我外婆、外公还要拜我的，因为进入佛寺当了和尚，我们就是佛的子弟了，所以呢，地位比他们高。

但是，笔者在西双版纳考察期间，经常可以看到一些老人和寺里的小和尚搭讪开玩笑。在一次赕佛活动中，一位小和尚负责在寺门口用菩提树枝条往前来赕佛的人身上洒水，以示洗去俗尘之意。一位傣族老人看到他后，笑着对小和尚说了一句话，旁边的人就都笑了起来，我问旁边的傣族姑娘刚才那位傣族老人说的什么，这位傣族姑娘笑了笑说："她和小和尚开玩笑啦，说'哎呀，派你来干这活了？长本事了哟'。"在如今的许多傣族老人眼里，这些小和尚似乎不再是神圣的佛的化身，而更像是一个孩子（图3-16）。

图 3-16　正在与和尚开玩笑的傣族老人

（三）赕佛等宗教仪式的民俗化

宗教一旦失去自身的神圣与庄严，没有了严肃性和神圣性，也就失去了宗教本身应有的特质，宗教活动甚至转变为了民俗活动。其实，只要仔细考察一下各民族的习俗，就不难发现，几乎所有的民俗中都或多或少与宗教有着各种联系，都是由宗教退化而成的。因而，有些学者称民俗为"退化了的宗教"，虽有失片面，但还是有道理的。宗教与民俗虽是两个不同的概念，但两者既有区别又有联系：

> 从作用和功能来看，宗教和民俗均属社会规范的范畴，具有确定与调整人们共同活动及其相互关系，维护社会基本秩序的功能。不同的是，宗教是以神的崇拜和神的意旨为核心的信仰与行为准则的总和，这种规范是必须遵从而不能更改的教条。而民俗对人们行为的控制，则是一种软控制，具有一定的弹性和人情味，但实际上习俗比其

他任何社会规范都更加广泛地熏陶和感染着人们的行为。另外，民俗在规范社会生活的同时，还具有强烈的娱乐性质和审美意识。[①]

当前西双版纳傣族南传上座部佛教信仰传播功能的弱化，佛寺僧侣的生活方式的日渐世俗化，由此而造成的南传上座部佛教自身神圣性的日渐消解，使得其以佛祖的意旨为核心的信仰与行为准则受到冲击，并非是"必须遵从而不能更改的教条"。另外，据一些学者研究，在西双版纳傣族赕佛的过程中，普遍存在着"神圣的时段大为缩减，而世俗的时段大为增加"的趋势，并且从赕佛的消费比例来看，"世俗性的消费远远高于纯宗教性的消费"。[②]甚至出现了许多傣族人不愿意送自己的儿子到寺庙当和尚，或许多傣族男童自己不愿到寺庙当和尚的状况。西双版纳南传上座部佛教自身神圣性的消解，以及与此同时出现的世俗性的加强，必然会直接导致寺庙教育功能的世俗化的强化。如今西双版纳寺庙教育的主要内容就是在各种佛事活动上要诵读的经文，这一现象本身就是南传上座部佛教整体世俗化影响下的产物。

三、寺庙教育管理松散

当前，西双版纳傣族佛寺的管理与中华人民共和国成立前相比发生了一些变化，主要采取佛教协会与总佛寺相结合，分级管理、以点带面的管理办法。州、县两级分别设立总佛寺，由州、县佛教协会管理，分镇或分片设立中心佛寺，而村寨佛寺的教务工作则由中心佛寺负责区领导和管理。而具体到某一个村寨的佛寺，除了涉及钱财或大型的维修等方面的事情由佛寺所属村寨选出的由德高望重的老人组成的管理委员会负责外，对小和尚的管理一般都由大佛爷全权负责。

随着南传上座部佛教自身神圣性的削弱和寺庙教育世俗性功能的加强，寺庙教育的管理也随之出现了松散的状况。佛爷对小和尚学习经文的态度也发生了很大的变化。以前，小和尚到了庙里之后，就都交给佛爷了，佛爷怎么处置家长都是不能过问的，但是现在，如果佛爷惩罚得太厉害了，家长就会有一些

---

① 刘稚，秦榕：《宗教与民俗》，昆明：云南人民出版社1991年12月，第17页。

② 龚锐：《圣俗之间——西双版纳傣族赕佛世俗化的人类学研究》，昆明：云南人民出版社2008年6月，第89，102页。

微词，为此，有些佛爷便不再像以前那样对小和尚严加管教了。只要他们不是犯了很大的错误，就只是口头训诫他们，或用小棍象征性地在头上敲几下（图 3-17）。正如都三佛爷所叙述的那样：

> 听老人们说，以前，在佛寺里念经是很严格的，要求小和尚在太阳落山前必须回到佛寺，否则就要受罚，惩罚措施很多、很恐怖。如果你会读一本经书，就会免去很多如扫地、打水等杂活，所以，很多人为了免除这些杂活也去努力学习。现在管理要松许多，以前太严格了，现在基本上改了，也没那么严厉了，都不罚他们了。现在，如果小和尚太调皮了，犯了很严重的错误，也可以打，他们参妈已经把他们交给我了，如果他们不听话我就可以打，老人他们不会反对的。但是不能打得太厉害，要不他们的参妈会心疼的。

笔者在考察中还发现，现在西双版纳傣族寺庙教育，只有极少数上了年纪的佛爷对和尚们的管理比较严格，让他们平时必须按照要求温习经书，要按时检查诵记情况。但是，由于绝大多数佛寺里的佛爷都是 20 多岁的年轻人，对和尚们的管理也越来越松散了，再加上有些佛爷对自己的要求本身就很松散，就更无法去约束和尚们的行为了。所以，和尚们一天除了在学校上学的时间和晚上一般都要学习一小时左右经文外，其他时间都是自由的。他们可以去网吧、影院、歌厅等娱乐场所，也可以去喝酒、吃烧烤，这些佛爷都是不管的，只要晚上回佛寺的僧舍睡觉就行了。至于小和尚们在学校的学习情况，那更是被佛爷们看作是分外之事。

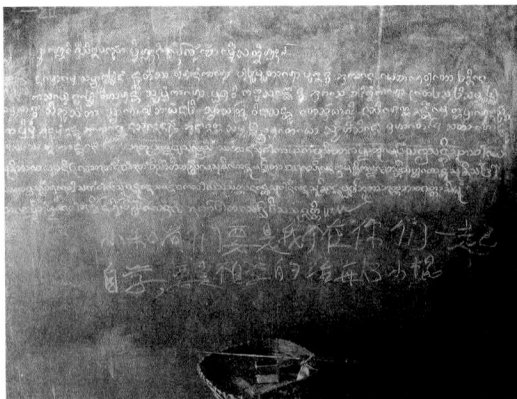

图 3-17　曼纳玛村佛寺教学用的黑板

注：黑板上经文的下方用汉字写着"小和尚们要是我不在你们一起自学，要是不自学的话每人 3 小棍"

笔者在西双版纳考察期间曾问过都三佛爷，如果有学校老师来告诉他，他寺里的某个小和尚在学校不好好读书，很调皮，总是违反纪律，他会不会对他们采取什么惩罚措施？都三佛爷回答说：

> 不会啊，我就是说说他们了，可是效果不是那么好，因为我不一定管得了那么多啊。他们想学好就会学了，我也不一定会管他们一辈子啊。我能教他们的，我尽量就可以了。

都三佛爷的观点在西双版纳的佛爷中很具有代表性，所访谈的几位佛爷都持类似的说法。对于小和尚，他们基本上就是采取一种放任的管理态度，只要不犯什么大错误，也就不会管他们。寺庙教育管理上的松散也间接地削弱了南传上座部佛教在傣族人民心中的神圣地位，并且可能对小和尚的健康成长带来了一定的不良影响，致使一些傣族男童的家长不愿意送孩子到寺庙里当和尚。这又在一定程度上弱化了寺庙教育各方面的功能，甚至出现了个别村寨连续多年收不到小和尚的状况。

第二节　西双版纳学校教育发展历程及现状

傣族地区的学校教育是从清朝末年开始的，整体而言起步较早，但发展不平衡，主要集中在如今的德宏地区。西双版纳傣族地区的学校教育起步则相对较晚，并且与我国的其他民族地区的学校教育一样，经历了一个从无到有，断续反复到正常发展的历程。

一、西双版纳学校教育发展概况[①]

1737 年，清朝曾在倚邦、九龙江（车里）、勐遮三地各设义学一馆，传播汉文化，到 1788 年，因无人就读而并入思茅玉屏学校。1892 年后，倚邦、易武各设私塾一所，以后私塾又有所发展。1901 年，各地私塾经改良后设公

---

① 此部分内容主要参考了赵世林，伍琼华：《傣族文化志》，昆明：云南民族出版社 1997 年 6 月，第 317-318 页；刀承华，蔡荣男：《傣族文化史》，昆明：云南民族出版社 2005 年 6 月，第 346-347 页；《西双版纳傣族自治州概况》编写组：《西双版纳傣族自治州概况》，北京：民族出版社 2008 年 1 月，第 348-352 页。

学，易武、老街、旧庙等地先后设公学 6 所。

中华民国元年（1912 年），柯树勋担任普思延边行政总局局长期间，在车里城区开办了一所学堂，吸收了 40 多个比较聪颖的傣族子弟学习汉文，使用小学识字课本，短期地分批学习和传授汉文知识。1913 年，勐海也开设了汉文小学。中华民国 16 年（1927 年），普洱通尹徐为光提倡"边教"①，强迫少数民族子女学汉文、服兵役。同时，车里宣慰司也曾征调一批由各勐土司子弟组成的团队到普洱中学学习汉文。1931 年，国民政府推行边地教育，镇越县府督促各乡设 1 所初级小学。至 1934 年，车里新设县立初级小学 8 所。

20 世纪初，外国洋教势力大举侵入边地民族地区，进行文化侵略。虽然傣族有自己传统的宗教信仰和寺庙教育，但在 20 世纪 30 年代左右，西双版纳傣族地区也出现了一些教会学校。中华民国 21 年（1932 年），美国传教士在车里开办私立教会学校，教授傣文、英文、医学等课程。英国传教士还将《圣经》翻译成傣文，成立教会学校，教授圣经、傣文、算术、音乐等课程。1935 年，佛海县在景龙佛寺开设短期师资班。1936 年，佛海简易师范学校正式创办。当年，车里、佛海、南峤、镇越、宁江、六顺等县相继设立省立小学各 1 所，同时设立一些短期小学。同时，国民政府为了防止外国势力的渗入，先后在边疆各地纷纷开办省立小学、初等小学、短期小学等，主要招收少数民族学生，以此来增强民族意识，唤起爱国热情。如中华民国 25 年（1936 年），西双版纳勐腊、勐棒、勐仑的 3 所短期小学共有傣族学生百余人。到 1941 年，车里、佛海、南峤、宁江有小学 16 所。1944 年，镇越县设立"镇越县立初级中学"，这是西双版纳有史以来的第一所中学。1945 年，车里、佛海、南峤复办小学 14 所。1946 年，车里县在宣慰城把车里第二小学改为"公立十二版纳中学"（初中）。但是这两所中学都在创办两年后便停办了。

这一历史时期，西双版纳傣族地区的学校教育经历着从无到有的变化，但是由于社会时局不稳、战乱频繁、办学经费十分困难、学校体制不健全、管理松散等方面的原因，学校教育发展缓慢。加之语言障碍及不少教员实行体罚教育，西双版纳傣族民间社会仍然保持着接受寺庙教育的传统习惯，不愿让子女到学校学汉语，傣族男童也只愿意到佛寺学佛经和傣文。当时的土司头人只好

① 即边地教育，又可称之为边疆教育，是指在边疆或少数民族聚居区所推行的教育。国民政府时期，云南为国民政府推行边地教育的重要省份之一。

采取派读派学的方法，把学校名额摊派到各村各寨或者直接指派到户，由全村负担读书学习的一切费用。尽管这样人们还是不愿到学校读书，甚至出现花钱雇人代读的现象。

1949 年中华人民共和国成立后，政府立刻在西双版纳傣族地区组织力量兴办学校教育，虽然其间也出现了许多挫折，走了很多弯路，但是，总体而言，还是不断发展的，已经形成了从学前教育到高等教育的完整教育教学体系。据统计，2005 年，西双版纳全州有大专 1 所，在校生 1763 人；普通高中 16 所，在校生 7673 人；普通初中 48 所，在校生 43 389 人；中等职业教育 9 所，在校生 3792 人；职业初中 1 所，在校生 2738 人；小学 410 所（不含教学点），在校生 94 342 人；学前教育 23 所；在 81 个乡镇中，有 20 个乡镇完成了"普九"验收，"普九"人口覆盖率达 91%，在校生 15 375 人。[①]根据《西双版纳傣族自治州 2016 年国民经济和社会发展统计公报》的最新统计，全年普通本专科招生 1456 人，在校生 4156 人，毕业生 1253 人。普通中专招生 1311 人，在校生 3629 人，毕业生 1040 人。职业中学招生 1647 人，在校生 5069 人，毕业生 1986 人。普通高中招生 4823 人，在校生 13 420 人，毕业生 4098 人。普通初中招生 13 516 人，在校生 38 800 人，毕业生 11 840 人。普通小学招生 16 034 人，在校生 95 730 人，毕业生 14 182 人。学前教育在园幼儿 32 882 人。小学学龄儿童入学率为 99.79%，初中阶段入学率为 81.51%。[②]此外，西双版纳傣族自治州全州共有各级各类民办学校 62 所，在"十二五"期间还建成景洪市特殊教育学校，在读学生达到 69 人，改变西双版纳无特殊教育学校的历史，全州残疾儿童入学率达到 77.02%。全州共有独立设置的少数民族中学 4 所、民族小学 2 所，其中省级民族中学 1 所、民族小学 2 所。[③]

二、所考察学校的教育概况

本书所重点考察的学校是曼罗村的一所建于 1956 年的九年一贯制的义务教

---

① 《西双版纳傣族自治州概况》编写组：《西双版纳傣族自治州概况》，北京：民族出版社 2008 年 1 月，第 352 页。

② 西双版纳州统计局、国家统计局西双版纳调查队：《西双版纳傣族自治州 2017 年国民经济和社会发展统计公报》，《西双版纳报》2018 年 3 月 28 日，第 3 版。

③ 西双版纳州人民政府，西双版纳州教育事业发展"十三五"规划，http://www.xsbn.gov.cn/188.news.detail.dhtml?news_id=43122，2017-10-20。

育学校（简称曼罗九义学校）。由于曼罗村民小组属于一个由 14 个村民小组组成的曼罗村委会，因而，曼罗九义学校的生源就是这 14 个周围村寨的适龄儿童。

（一）学校教育的教学环境

曼罗九义学校位于曼罗村民小组的村寨边缘，勐混、勐遮、勐海三个乡镇的交界线上，是勐遮镇的窗口学校。学校大门口前有一条连接昆明和打洛的国道 214 线通过。学校占地面积约 43 亩。在硬件设施方面，用于课堂教学的建筑有：两座教学楼（图 3-18）；6 间平房（图 3-19），其中 3 间作为小学教室，3 间作为多媒体教室（图 3-20）；此外还有一个学前班，用以前的老瓦房做教室；一座办公楼，共三层，一楼除了一个会议室和二楼作为办公用途外，三楼和一楼的其他房间都用作教师宿舍；一座教师单身宿舍楼，共两层六个房间，还有两排大约六七间的老瓦房作为单身教师宿舍。

图 3-18　曼罗九义学校的主教学楼

图 3-19　曼罗九义学校的 6 间平房

图 3-20　曼罗九义学校的多媒体教室

（二）学校教育的师资状况

曼罗九义学校现有 24 个教学班。教职工一共有 50 人，其中专任教师 49 人；教师队伍中少数民族教师 27 人，其中，傣族教师 1 人。初中部专任教师 17 人，小学部专任教师 32 人。学历方面：大学本科学历 9 人，专科学历 35 人，中专学历 5 人，学历合格率为 100%。

（三）学校教育的教学内容

曼罗九义学校和西双版纳其他地区的学校一样，中小学都是按照国家的相关规定来安排教学内容的，只是在具体的细节和操作方面有所不同。

首先，在课程设置方面。曼罗九义学校和我国其他地区的学校一样都是按照国家的相关规定来进行课程设置的，但是初中采取了 A、B 班两种课程设置模式来进行教学（图 3-21）。所谓 A、B 班，就是针对学生初中毕业后自愿继续升学和不升学的要求分别设置课程内容、组建班级的一种教学安排形式。一般而言，A 班的学生初中毕业后都是准备继续升学的，B 班的学生都是由不愿意继续升学，甚至不准备参加中考的学生组成的。针对学生不同的要求，A 班的课程安排则主要以升学为目标，语文、数学、外语等中考必考科目在课程中的比重相对较大，而且，师资方面，教学能力较强的老师也会被安排来承担这些班级的相关教学工作；B 班的学生由于不准备参加中考，只是为了完成九年义务教育，在课程的安排上也要学习语文、数学、外语等国家规定的课程，但是，相对 A 班而言，B 班的课程中一些乡土课程和与当地生产劳动相关的劳技课的比例要大一些。如初三（17）班是"参考班"[①]，其课程的安排除了每天一节体育课之外，其他的都是中考时需要考试的课程：语文、数学、外语、物理、化学、政治；而初三（24）班是 B 班，除了 A 班所学的所有课程外，还增加了劳技、傣文、实践等课程。

其次，在教学内容方面。教材是教学内容的重要组成部分和集中体现，曼罗九义学校所使用的教材，充分体现了国家"教材多样化"的中小学教材建设的基本方针，其所选用的教材来自多家出版社。以初三年级为例：语文使用的

---

① 指这个班的学生学习主要是以升学为目的的，要参加中学升高中的考试，即参加"中考"，简称"参考班"，也就是参加考试的班级的意思。

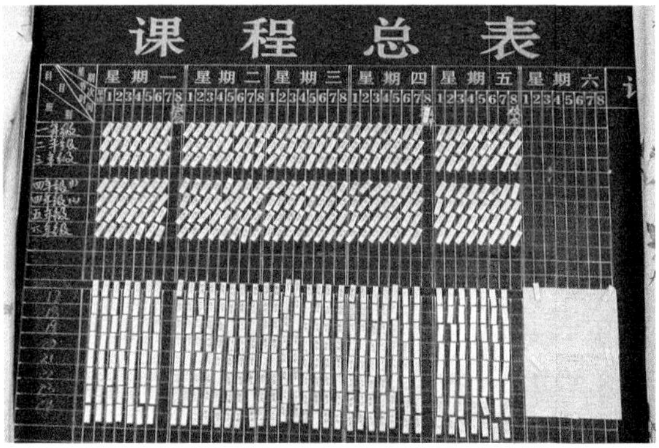

图 3-21　曼罗九义学校课程总表

注：图右下角的纸上写着"曼罗九义学校模式一、模式二课程表"

是人民教育出版社组织编写的教材；英语使用的是北京市仁爱教育研究所编著、湖南教育出版社出版的教材；历史使用的是北京师范大学出版社组织编写的教材；傣文课使用的是勐海县教育局自己组织编写的教材和西双版纳州教育委员会编写、云南民族出版社出版的教材两种；理财课选用的是由云南省教育科学院编写、局心出版社出版的教材；音乐选用的是湖南文艺出版社出版的教材；等等。但是，据任课教师反映，虽然现在的教材多样了，但是，比较后仍然觉得人民教育出版社的教材在知识自身的逻辑结构上处理得更为合理，而且也更为成熟，所以，他们所认为的"主科"，如语文、数学、外语等科目的教材，大多数选用的仍是人民教育出版社组织编写的版本。但是，他们也承认人民教育出版社的教材编写稍显枯燥，没有其他一些出版社的教材显得那么生动活泼，能引起学生的学习兴趣。

但是，无论其具体选择的是什么人编写或哪家出版社出版的教材，都可以看到教材的内容在编排上很少能与西双版纳的生产生活相联系，与我国其他地区的教材没有什么区别，其教学内容更多地反映的是我国发达地区汉族的生活内容和一般性的科学文化知识，城市化倾向十分明显。以该校九年级上学期选用的，由人民教育出版社出版的义务教育课程标准实验教材《语文》为例，其所选用的课文篇目包括：

毛泽东的《沁园春·雪》，郑愁予的《雨说》，江河的《星星变奏曲》，外国诗两首——济慈的《蝈蝈与蛐蛐》和叶赛宁的《夜》，梁启超的《敬业与乐业》，雨果的《纪念伏尔泰逝世一百周年的演说》，傅雷的《〈傅雷家书〉两则》，苏霍姆林斯基的《致女儿的信》，鲁迅的《故乡》，曹文轩的《孤独之旅》，莫泊桑的《我的叔叔于勒》，黄蓓佳的《心声》，罗迦·费·因格的《事物的正确答案不止一个》，丁肇中的《应有格物致知精神》，短文两篇——培根的《谈读书》和马南邨的《不求甚解》，鲁迅的《中国人失掉自信力了吗》，施耐庵的《智取生辰纲》，罗贯中的《杨修之死》，吴敬梓的《范进中举》，曹雪芹的《香菱学诗》，司马迁的《陈涉世家》，《战国策》的选篇——刘向的《唐雎不辱使命》，陈寿的《隆中对》，诸葛亮的《出师表》，词五首（温庭筠的《望江南·梳洗罢》、范仲淹的《渔家傲·秋思》、苏轼的《江城子·密州出猎》、李清照的《武陵春·风住尘香花已尽》、辛弃疾的《破阵子·醉里挑灯看剑》）。此外还有课外古诗词背诵，包括白居易的《观刈麦》，刘方平的《月夜》，温庭筠的《商山早行》，陆游的《卜算子·咏梅》，晏殊的《破阵子·燕子来时新社》，苏轼的《浣溪沙·簌簌衣巾落枣花》，李清照的《醉花阴·薄雾浓云愁永昼》，辛弃疾的《南乡子·登京口北固亭有怀》，张养浩的《山坡羊·骊山怀古》，王磐的《朝天子·咏喇叭》。名著导读包括：《〈水浒〉：反抗封建暴政的英雄传奇》，《〈傅雷家书〉：苦心孤诣的教子篇》，《培根随笔：透彻的说理，隽永的警句》。

再如该校八年级上学期选用的北京师范大学出版社出版的《历史》教材，其目录如下：

第一单元是"列强的侵略与中国人民的抗争"，其主要内容包括：鸦片战争的烽烟，劫难中的抗争，甲午中日战争，八国联军侵华战争；第二单元是"近代化的艰难起步"，其主要内容包括：近代工业的兴起，维新变法运动，辛亥革命，开启思想解放的闸门，清末民初的文化与教育，社会生活的变迁；第三单元是"新民主主义革命的兴起"，其主要内容包括：伟大的开端，国民革命的洪流，星星之火、可以燎原；第四单元是"伟大的抗日战争"，其主要内容包括：中华民族到了最危险的时候，全民族抗战的兴起，把我们的血肉筑成新的长城，抗日战争的胜利；第五单元是"人民解放战争的胜利"，其主要内容包括：全面内战的爆发，走向战略进攻，国民党政权的崩溃；附录：中国近代历史大事年表（1840—1949）。

从两个课本的目录名称上，可以一目了然地看出它们的内容倾向性：《语文》教材所选取的国内篇目大都是我国古代和近现代文学史上与当前的主流价值观相一致的具有较强代表性的汉族的文学篇目，即使选取国外的文章也都是与主流价值观相一致的代表性作品；《历史》教材也是以中原地区汉族的历史发展为主线。

（四）学校教育的学制

曼罗九义学校采取九年一贯制的办学模式，具体采用的是"6+3"的模式，因而在学制方面也体现为"六三学制"，即小学 6 年制、初中 3 年制。当前西双版纳地区也已全面实行了"两免一补"的义务教育，因此，从小学到初中毕业，基本上属于"直升"的形式，即无论学生学习成绩高低，均可在低一年级学业完成后直接升入高一年级，除非个人自愿"留级"。虽然按照规定从低一年级到高一年级需要看成绩是否合格，并且每个年级每年的期中、期末也都有相应的考试，但是这些考试并不作为学生能否升入高一年级的标准。

（五）学校教育的教学方法

在教学方法上，曼罗九义学校和我国绝大多数地区的学校一样，采取的是以教师讲授为主，并辅之以其他具体方法的课堂教学方式（图 3-22）。即使是一些与实践密切相关的，诸如劳技、实践课也绝大多数都是以老师讲、学生听的讲授法来进行教学的。但是，在西双版纳傣族地区实地考察期间，也遇到有的学校在条件允许的情况下，在校园里开辟了一块茶园，让学生亲自动手实践的教学方式。但是，这只是极个别的情况，因为，一般情况下，学校的校园面积相对较小，没有多余的空间。曼罗九义学校的劳动技术课有时候也会让学生亲自动手，但是，只是让学生去帮助学校拔草（图 3-23）、打扫卫生，也就是说劳动技术课演变成了大扫除，已经脱离了课程安排的初衷。

图 3-22　曼罗九义学校的课堂教学　　　图 3-23　曼罗九义学校的劳动技术课（拔草）

（六）学校教育的管理体制

曼罗九义学校的管理制度与我国其他地区没有什么差别，都是由地方教育部门负责管理，即直接由勐海县教育局负责管理。另外，学校的各种规章制度也都比较健全。学校对其各级管理部门的领导都规定了相应的职责，并挂在了学校会议室的墙壁上，主要有《校长职责》《副校长岗位职责（分管教育教学工作）》《副校长岗位职责（分管行政后勤和勤工俭学工作）》《政教主任岗位职责》《教导主任职责》《工会主席职责》《会计人员工作职责》《出纳人员工作职责》《曼罗九义学校家长、佛爷、村领导联系制度》《教育协管员职责及奖励办法》《教师宿舍卫生检查制度》《勐遮镇曼罗九义学校逐月工作安排行事表》等（图 3-24）。这些规章制度对学校的各级管理部门负责人的职责作了明确而详细的规定，以确保学校教育教学工作的顺利开展。

曼罗九义学校的生源以傣族学生为主，因此，其与内地的学校在具体的管理制度方面又有一些不同之处，首先就表现在学校根据当地的具体情况出台了一系列针对"和尚生"的相关管理制度（图 3-25），如《曼罗九义学校家长、佛爷、村领导联系制度》，其具体内容如下：

为了提高入学率、巩固率，完成教育局乡党委、政府下达的指标，提高民族文化素质，为边疆的繁荣、稳定、民族进步贡献人民教师应有的光和热，特制定以下几条：

图 3-24　办公室墙壁上挂着的各种规章制度

图 3-25　与"和尚生"相关的管理制度

1. 每半个月召开一次班主任会议，了解班级管理及存在的困难、问题，统计缺、旷、迟到数目。

2. 每月召开一次佛爷会议，反馈和尚生在校学习、生活表现情况，同时了解和尚生在寺庙里的活动情况。

3. 每半月向村领导反映、汇报一次学生在校情况和典型突出学生缺旷课数目，取得村领导的支持及教管员的配合。

4. 班主任发现学生缺旷课要及时向村小组长或教管员了解情况，并向校领导汇报。

5. 每月召开一次学生大会表彰先进学生，教育少数个别缺旷学生，并按村规民约交村领导处理。

6. 每学期召开1~2次家长会议，通过学生在校学习生活表现情况，取得家长的通力合作。

再如《教育协管员职责及奖励办法》：

1. 每天早上7：30以前送学生到校，下午2：30以前送学生到校。

2. 学生送到校后，巡视教室校园一圈，查看学生上课情况。

3. 逐步使所辖村的学生能全部、及时、正常到校上课。

4. 每位协管员到位后，到办公室签名，并注明时间。

5. 曼倒、曼给、曼拉、曼垒的协管员每周来学校三天。

6. 根据学生迟到旷课人数和协管员到校和管理学生的好坏，每学期评出优秀协管员4人，每人奖励60.00元。

在教学上，严格遵守学校的作息制度，实行国家规定的双休日，周一到周五的学校教学的作息时间是：

早读：7：30—7：50

第一节课：8：00—8：45

第二节课：8：55—9：40

第三节课：10：00—10：45

第四节课：10：55—11：40

中午休息：11：40—14：30

第五节课：14：30—15：15

第六节课：15：25—16：10

第七节课：16：20—17：00

第八节课：17：10—17：50

（七）学校教育的功能

西双版纳学校的教育功能和我国其他地区学校的教育功能，甚至和任何形态的教育的功能一样，笼统地、抽象地说就是两大功能，即育人功能和社会功能。这两方面功能在西双版纳傣族的寺庙教育中同样存在，不同之处主要在于其具体的内容和发挥作用的方式不同。学校教育的育人功能（具体包括个体社会化功能和个体个性化功能）与社会功能（具体包括政治、经济、文化各方面的功能）主要是通过教师在课堂上向学生传授书本知识等间接经验的形式来实现的。但是，人的生命是有限的，不可能穷尽人类的一切科学文化知识，这就需要学校对全人类所创造的科学文化知识进行选择。学校教育在对科学文化知识进行选择的时候，其标准必定是要建立在学生个体身心健康发展和社会发展需要的基础之上的。同时，体现国家教育目的的学校教育，在发挥文化选择功能时，应该代表的是国家意志和主流价值观。所有教育功能的发挥，都是要通过代表国家意志的教师，向学生传授代表国家主流价值观的书本知识形式的间接经验来实现的。

此外，现代学校教育还必须遵守平等性原则及与宗教相脱离的"教教分离"原则，不允许排斥或歧视女性，反对在学校中传播任何宗教教义。这是现代学校教育与包括西双版纳傣族寺庙教育在内的任何宗教组织的教育在功能上的重大区别。

三、当前西双版纳学校教育存在的问题

当前，西双版纳学校教育的经费、各类硬件设施和师资都比较充足，办学条件也在逐年改善。以 2016 年为例，西双版纳傣族自治州全州投入各种改善办学条件资金 23.89 亿元，实施完成校安工程 549 619 平方米，薄弱学校改造 89 658 平方米，农村初中工程 27 249 平方米，学前教育推进工程 13 986 平方米，学前教育改建项目 44 063 平方米，"全面改薄"项目 3570 平方米，教师周转宿舍 16 800 平方米，普通高中建设项目 11 100 平方米，中等职业教育项目 34 266 平方米；新建乡镇幼儿园 6 个，改扩建农村幼儿园 50 个，建设附属幼儿园 7 个。积极推进教育信息化建设，"宽带网络校校通"实现宽带接入中小学比例达 91%；"优质资源班班通"班级配备多媒体设备比例达 50%；班班接入宽带的学校比例达 22.5%，宽带接入计算机教室比例达 60%；"网络学习空间人人通"完成教师学习空间人人通比例达 74.61%。在师资方面，向全国重点师范院校招聘优秀毕业生担任教师 1177 人，招聘特岗教师 1103 人。依托"国培""省培"，每年培训校长和教师近万人次，实施名师工程，培养"学科骨干教师""学科带头人"，建立 4 个省级名师工作室，有 3 名校长获"省级名

校长"称号、7 名教师获"省级学科带头人"称号、32 名教师获"省级骨干教师"称号，8 名教师成为省级特级教师，有 2 人获得省政府特殊津贴，2 人获全国优秀教师称号。与此同时，教育资助保障体系进一步健全完善。继续实施义务教育"两免一补""公用经费补助"机制，全面落实各教育阶段学生资助政策和进城务工人员子女入学政策，基本实现城乡免费义务教育、农村贫困家庭寄宿生生活补助、农村义务教育营养改善计划全覆盖和贫困学生资助政策全覆盖。[①]

　　但是，在看到所取得的成绩的同时，也应该看到在具体的教育教学中仍然存在较多问题。笔者在西双版纳傣族地区考察期间，只要是到学校或教育部门去，听到的最多的就是对西双版纳学校教育难搞的抱怨，"控辍保学"的标语在西双版纳地区随处可见（图 3-26）。这也足见当前西双版纳学校教育问题的严重性。具体而言，主要体现在以下几个方面。

图 3-26　"控辍保学"的宣传标语

（一）学生初中入学积极性不高

　　傣族学生在小学入学时积极性还是比较高的，曼罗九义学校的小学适龄儿童入学率达到 100%，毛入学率达到 110% 以上，而且都是自愿来上学的，不需要相关政府部门或学校专门派人去给家长和学生做思想动员工作。但是，到

---

　　① 西双版纳州人民政府：《西双版纳州教育事业发展"十三五"规划》，http：//www.xsbn.gov.cn/188.news.detail.dhtml？news_id=43122，2017-10-20。

了上初中时，情形就大不一样了。据所考察学校负责教学工作的 Z 校长说，初一开学前，学校的老师、校长全都要到各村寨做每个学生和家长的工作；有的学校甚至成立了执法小组，每一年开学前都要去宣传、动员，基本上所有老师都要下到各村寨学生的家里去做动员上学的工作。这在西双版纳地区的学校教育中是极为普遍的现象。

　　笔者在曼罗村考察期间也曾访谈过一些学生的家长，问他们是否支持自己的孩子到学校里学习，他们都回答说支持。我又进一步问他们，之所以支持，是因为真的从心底希望自己的孩子在学校里好好读书，还是因为怕被罚钱？绝大多数人都笑着回答说："都有啦。"在对一般学生的访谈中发现，其实许多学生还是十分愿意到学校学习的，因为他们觉得在学校里很有趣，有很多同学和朋友可以在一起，在家里反而是没有意思、无聊的。而对和尚生的访谈则与一般学生相反，绝大多数和尚生都直接回答不喜欢学校教育，原因是"学校管理太严格了""学习太辛苦了""老师太厉害了"等。对此，Z 校长有着自己的看法：

　　　　人家说傣族养小孩是放牛式的，就是把小孩放出去，只要你健康，就没有事了。现在很多家长就要求把 4 岁的小孩送到我们学校里来上学前班。我们规定学前班最小的不能小于 5 岁半，可是他们的父母都在做生意，家里就爷爷奶奶在，爷爷奶奶也管不了小孩，带不赢（带不了）。爷爷奶奶最想做的事情就是小孩赶快长到 4 岁半、5 岁，给他送到学校里去，赶快交给老师就行了，那就万事大吉了。

　　　　上小学的时候，孩子年龄小，又有规定说小学不上完不许去当和尚，在家里也帮不了大人什么忙，在社会上又怕他们学坏了，而且，现在又实行免费义务教育，不需要花什么钱，又有人给管着，所以，家长都还是十分愿意把小孩子送到学校来读书的，也十分配合学校的各种工作。

　　　　到了小学毕业该上初中了，学生年龄大了点，一方面能帮家里干活了，另一方面也允许去寺里当和尚了，他们就不愿意来学校读书了。我们去做家长的工作，希望他们配合，他们也不是十分配合，说他们也管不了小孩，随孩子自己，小孩不愿意读书，他们也没有办法。于是我们就和当地村寨的干部和佛爷制定了规定，让他们一起监督学生的上学情况，还采取了一些经济惩罚措施。孩子们也都来了，

但是，就是不学习，都是怕被罚钱才来教室里坐着的。尤其是和尚
生，上课不是扰乱课堂秩序，就是睡觉，老师们也管不了。如果每天
上课都要管他们，这课就没法上了。他们又不是自愿来上课的，我们
训斥了他们，他们还高兴呢，正好拿这个当借口不来上学了。所以，
也就随他们了，只要他们在教室里，不要太调皮就行了。

　　通过随后对西双版纳傣族人民日常生活的深入调查发现，Z 校长的分析是
十分客观的。在曼罗九义学校，许多初中生都有摩托车，并且天天骑着摩托车
来上课（图 3-27）。我觉得很奇怪，就问他们这是父母的摩托车，还是他们自己
的。他们说是自己的。又问："你们离家这么近，还在上学，家长为什么要给你
们买？鼓励你们好好学习的吗？"他们听后"轰——"的一声都笑了。几个没
有摩托车的学生笑着说："哪里愿意给他们买嘛，是他们说不给买就不来上学，
才给买的。"我这才明白，原来现在许多学生把到学校上学作为家里满足他们一
些小愿望的交换条件，因为，义务教育具有强制性，适龄儿童必须到学校上
学，接受国家法律规定的义务教育，如果他们不来上学，按照当地相关政府部
门制定的相关规章制度，就要被罚钱，而被罚的钱要比一辆普通摩托车更高，
所以，权衡之下，还不如给他们买辆摩托车，以便让他们去学校上学划算。

图 3-27　骑摩托上学的和尚生

　　由此可见，西双版纳傣族地区的适龄儿童入学率虽然在许多统计数据上显
示都是 90% 以上，有些地区甚至是 100%，但是，自愿入学的学生很少，尤其
是初中，都是出于孩子"年龄小，又规定小学不上完不许去当和尚，在家里也

帮不了大人什么忙，在社会上又怕他们学坏了，而且，现在又实行免费义务教育，不需要花什么钱，又有人给管着"，"不去上学就要被罚钱"等原因，才去学校上学的，并非是自愿的，在这种被迫的前提下，西双版纳傣族学生的入学积极性不高也就是很自然的事情了。据统计，2015 年，西双版纳傣族自治州九年义务教育的巩固率①为 85.1%②，与同一时期全国的九年义务教育巩固率平均值 93.0%③之间存在一定差距。

（二）学生的升学积极性不高

在我国的中东部地区，一般情况下，学生初中毕业后家长或是学生自己都是十分愿意进入普通高中的，因为只有上了高中才有升入大学的希望。但是，在西双版纳傣族地区情况却恰恰相反，绝大多数学生是不愿意继续升学的，初中成绩再好也是如此，甚至连参加中考都不愿意。据曼罗九义学校的 Z 校长讲：

> 我们学校初三毕业一般百来个人，多的时候有 150 人，少的时候也有 100 人多一点。别说升高中了，愿意参加考试的人基本上都没有。初中升高中，我们学校参加考试的每年也就十来个人，最后真正能去读的也就占学生数的 4%左右。而且，这些学生中还有几个是属于外来人口的子女。每年中考的时候都是我们最头疼的时候。他们都不想参加，都要一家一家的去做工作。

西双版纳傣族地区的其他学校也同样存在这种状况，不仅在农村地区，即便是在离县城很近的勐海中学也同样存在。据该校的 W 校长讲：

> 现在学生到了初三是自愿报名参加中考，我校报名参加中考的学生比率是 10%，所以升学率是相当低的了。不参加考试的学生以傣族的居多。初三学生是 363 人，只有 37 人参加中考，其中傣族学生 2 人。傣族学生在全校学生中的比例是 76%。

不愿意升入高中的学生中傣族占绝大多数，一方面是由于该地区的主体民族是傣族。另外，即使从比例上来看，傣族学生占报名参加中考学生的比例仍

---

① 九年义务教育巩固率，是指初中毕业班学生数占该年级入小学一年级时学生数的百分比。

② 西双版纳州人民政府：《西双版纳州教育事业发展"十三五"规划》，http://www.xsbn.gov.cn/188.news.detail.dhtml？news_id=43122，2017-10-20。

③ 中华人民共和国教育部：《2015 年全国教育事业发展统计公报》，http://www.moe.edu.cn/srcsite/A03/s180/moe_633/201607/t20160706_270976.html，2016-07-06。

然十分低：傣族学生占全校学生的 76%，而该校的初三毕业生是 363 人，只有 37 人报名参加中考，其中傣族学生 2 名，占该校参加中考学生的 5.4%，这与傣族学生在全校学生中所占比例为 76% 形成了鲜明的对比，也低于该校初三年级参加中考学生数的比例——10%。笔者曾问过 W 校长，傣族学生不愿意参加中考，是怕考不上，还是根本不想考？还是家长不让他们考？他认为：

> 最主要的是他们自己不想考。比如我们这里今年毕业的这一届，学习最好的一个学生是傣族的，前两年还拿着奖学金，虽然不高，但还是拿着。到初三就不愿意努力读书了，因为他说他不愿意参加中考。我们不知做了多少工作，他都不愿意参加。问他什么原因，他说他就是不想考。

（三）学生"间歇性辍学"现象严重

学生入学不是自愿的，是家长为了让孩子有个被"管束"的地方，或是为了避免受到经济上的处罚，才不情愿地来学校"充数"。在这种情况下，强迫学生来学习的一个直接后果就是导致学生纷纷采取"间歇性辍学"的方法来应对各种相关政策。

所谓"间歇性辍学"不同于一般的辍学现象，学生并不是在没有完成规定义务教育阶段的学业便中途退学，永远不再回学校，而是在没有完成学业中途退学后，在相关人员的劝说下又回到学校上课，一段时间后又中途退学，如此反复多次的现象。正是由于绝大多数学生来学校读书不是出于自愿，而是被迫坐到教室里的，加上他们又不愿意在初中毕业后继续升学，因而，学生辍学的现象是不可避免的，但是，由于当地相关部门采取了一定的经济惩罚措施，为了逃避惩罚，学生们便采取了"间歇性辍学"的方法，既逃避了上学，又避免了相关的惩罚。

笔者在西双版纳傣族地区的学校考察期间，经常会看到这种现象：上午前两节课教室里的人都还是来齐了的，教室里的座位坐得满满的，两节课后教室里就会空出来许多座位。当时一位任课教师说："下午来得更少！"我问这位老师："你们平时也不管吗？比如点名什么的。"这位老师说："我们也没有办法，本来就是我们求着他们来读书的。管不了！"果然，到了下午，我再去这个班级听课的时候，教室里的座位空出来的更多了。"而这种现象在西双版纳傣族地区的学校中十分普遍。据勐海县城某中学的 L 副校长讲：

现在这两年"两基"验收，查得比较严，比以前好多了。以前长期辍学的比较多。以前的时候就经常有上面一来检查的，学生就都回来了，检查的一走，学生也走了的现象。这两年因为上级管理部门抓得紧，经常来检查，就好多了，但短期流动现象比较严重。读着读着就不读了。报到还都是来报到。我们这里成立了执法小组，每一年都要去宣传、动员，基本上所有的老师都要下到寨子里、家里去做工作。基本上都能来报到，读了一两天就跑了，一周读上三天，剩下的两天就不在了。或者早上来，下午又不来了。一直不来读的情况极少。基本上都是来玩的，就像赶集一样，一周来一次，我们去做工作时哗哗哗都来了，我们稍微喘口气，放松一点，他们又都回去了。

（四）学生学业成绩普遍较差

在学生入学、学习积极性都不高，且是被迫来学习的情况下，学生的学业成绩如何也是可想而知的了。据所访谈的一位老师讲：

我们整个勐海县都是分 A、B 班进行教学的。成绩、基础稍好一点的、愿意继续升学的，我们都分到 A 班。但是，分数也是很低的，不是你们想象的那么高。小学毕业的话，按照你们的想象，如果语文、数学两科一共考 120 分（语文、数学单科满分各 100 分），在你们看来就是太低太低了，而在我们学校，两科加起来分数过 70 分就可以进 A 班了。有可能数学考 20 来分，语文考三五十分就可以进 A 班了。在这种情况下，进入初中后，英语、数学、物理、化学这些学科，他们根本无法接受得了，因为他们小学基础都比较差，小学学完了，乘法口诀都不会背，根本无法接受初中的内容，吸收不了，理解不了。这样一来，有些学生开始被分到 A 班的还不愿意在 A 班呢，要到 B 班去，因为 A 班老师要求比较严，学习压力比较大，比较紧张，有作业，太辛苦了。在其他地区这些情况可能就不会存在了，都会争着到好班（A 班）去的。

学生的学习成绩较差的现象在整个西双版纳傣族地区都是极为普遍的，据一些老师讲，有些学校的学生各科考试成绩的及格率（即满分 100 分，60 分及格）竟然为零！而这样的成绩进入初中以后是根本跟不上国家课程标准所规定的内容的。但是，课时有限，各类考试的试题又是按照国家规定的各学科的课程标准来划定考试的难度和内容的，因而，平时上课又不能不赶进度，不能不按照课标的规定来上，否则就完不成教学任务。这又在一定程度上挫伤了学生学习的积极性，从而造成恶性循环。

（五）学生的早恋现象严重

西双版纳地处热带亚热带地区，受环境影响，傣族人发育成熟较早，适应这一特征，傣族男女在十三四岁时就可以谈婚论嫁了后来这一特征逐渐发展成为傣族的早婚习俗。

笔者第一次去西双版纳的时候，当时正在随机选择的一个傣族村寨考察，偶然遇到一个正在上小学的小姑娘玉光罕，她热情地邀请我们到她家去，我问她："家里有谁在家啊？"她说："爷爷在家。"刚到她家，家里是没有大人在的，过了一会儿来了一个40多岁的男子。我就问小姑娘："是你爸爸回来了吧？"她说："不是的，这是我爷爷。"当时，着实把我吓了一跳。我了解了傣族的这一习俗才明白为什么会有这么年轻的爷爷。后来了解到她的妈妈玉丙18岁结婚，19岁就生了小孩。而且，据玉丙说，在他们寨子里这已经算是结婚很晚的了。

西双版纳傣族的早婚习俗在学校中的直接反映就是早恋现象严重。据一些班级的班主任说：几乎所有的傣族学生到了初中以后都有自己的男朋友或女朋友了，甚至许多都已经订了婚，毕业后就会立刻结婚。我说，现在不是有相关法律规定，不到一定年龄不允许结婚吗？老师回答说："他们结婚是不领结婚证的，因为年龄都不够，都是事实婚姻，父母同意，酒宴在寨子里都已经办了。因为计划生育法比较强硬，执行力度比较大，如果不履行，他们就要被罚款，所以，他们只是结婚，并不忙着生小孩。到了法定年龄他们就去领结婚证，然后生小孩。但是，已经形成事实婚姻了。"

在西双版纳考察期间，在学校和寺庙的墙壁上，随处都可以看见用粉笔或油漆写着"我爱××"的汉字（图3-28）。一天中午，在佛寺里，一位小和尚很大方地向我展示了一位女同学写给他的"情书"（图3-29）。在学校考察期间，每逢课间，总有许多男学生请求我帮他拍下他所喜欢的女孩子的照片，许多和尚生也不例外。甚至许多老师都知道哪个男生和哪个女生在谈恋爱，而这些学生自身也不是很避讳的，问他们，他们就会很大方地告诉你他喜欢谁或他们的女（男）朋友是谁。而学校的老师除了口头教育他们，希望他们不要谈恋爱，怕影响学业外，也别无他法。这些老师说："其实，他们本来在学校就不学习，所以也谈不上影响学业了。他们的家长也不过问的，因为这在傣族是很正常的，他们就提倡早婚早育，这是他们的习俗，我们也教育不了的。只要别惹出大乱子来就行了。"

图 3-28　僧舍墙壁上画满了各种爱情符号

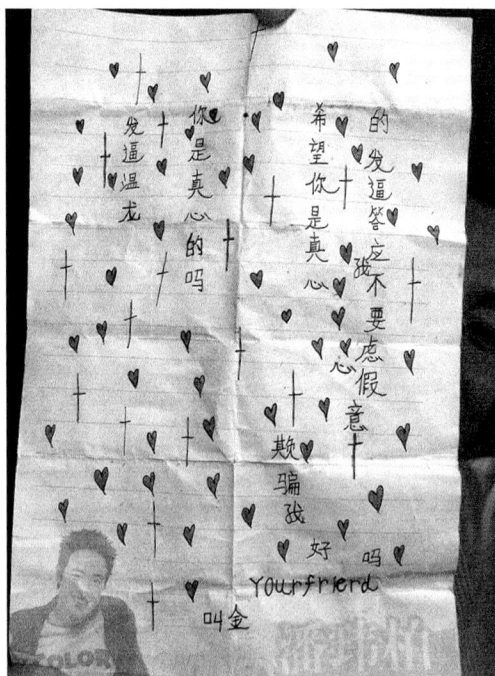

图 3-29　一位"和尚生"收到的情书

（六）教师的教学积极性不高

　　学生的入学、升学和学习的积极性不高，"间歇性辍学"现象严重，这也给教学造成了很大的困扰，严重影响着教师教学的积极性。教师教学的积极性需要有成就感的激励，而成就感的获得主要来自学生学习的积极性和学业成绩的激励。学生的学习积极性高，学业成绩好，能够使教师的"教"和学生的"学"产生良性循环，极大地激励着教师的教学积极性。但是，如果教师面对的是一群不愿意学习、又经常旷课、学业成绩差的学生，那么，他们的教学积极性必然会受到打击；教师的教学积极性不高又反过来会影响学生学习的积极性和学业成绩，从而形成恶性循环。西双版纳傣族地区的教学就处于这种恶性循环的状态之中。正如勐海县某中学的W校长所说：

　　　　作为一个老师，任务就是把教学工作做好。但是，因为学生不配合，比如说，一个班30个学生，今天才来10个，明天来20个，作为一个老师，本来我是很敬业的，想把教学搞好，但是不来怎么教？反反复复，一个学期下来，老师的积极性肯定受影响，没有成就感。学生愿意学，老师才教得有劲头，才会形成良性循环，而现实是恶性循环。教师影响学生，其实学生也影响教师。再比如今天来上课的是这20个学生，明天来上课的又是那20个学生，课程是无法停留的，否则就无法教了，就没有进度了，可能总是停留在第三或第四课上。想往下教又教不了，不往下教吧，进度又赶不上。

　　在考察中，本人也发现尽管我在听课前和一些老师事先打过招呼，但是他们对于教学采取的仍然是一种应付的态度，有的课甚至就是在和学生天南地北地聊天中完成，只是在每次下课后都要向我解释一番说："实在是没有办法，讲课他们也不听。"有的老师甚至不上课了，直接坐在我的身旁和我聊起天来。我觉得很不好意思，怕自己的考察打扰了他们的正常教学，就提醒她："你不上课吗？"这位老师笑了笑说："反正讲了他们也不听的，这样不上课，让他们自习，他们反而喜欢。"

　　在考察期间，所考察的学校中除了明确以升学为目的的勐海县民族中学外①，其他学校的教师多多少少都存在这种教学积极性不高的状况，这种状况在整个西双版纳地区的学校教育，尤其是在不以升学为目的的学校教育中也是十分普遍的。

（七）师生冲突时有发生

虽然西双版纳学校中的学生不愿意学习，并且许多老师的教学积极性不高，然而，毕竟还是有许多很负责的老师的，他们希望这些学生能够好好地读书，于是就会经常去管教那些不好好上课听讲的学生，结果却致使师生间经常会发生一些不愉快的事情。曼罗九义学校的 Z 校长就曾讲述了一件他和一位和尚生发生冲突的事情：

> 你刚才听课的这个班，小学六年级的时候是我教的，当时，里面有十多个男生的学习成绩是比较可以的。但是，到了初一以后，也就是他们当了和尚以后，就不愿意再读书了。从那以后就不带课本来教室，不做作业，不看书。有时候，甚至新书刚发给他们，他们马上就把书撕了，叠成各种小玩意来玩。现在就是这个样子的，初中生不如小学生学习认真（图3-30、图3-31、图3-32），班级里的和尚生越多，班级纪律越糟糕（图3-33、图3-34）。有一次，我太生气了。我上的就是你听课的这个班的课，他们初一的时候，有位女教师请产假，下学期是我给他们上的课，后来他们的老师产假满了回来，我就不给他们上了，代他们大约有三个月的课。其实，原来他们小学时这个班也是我的学生，我想嘛，小学五年级、六年级那么乖、那么听话的小孩，到了初一，短短的六七个月的时间，整个人都变了。特别有一个在小学时很乖的学生，当时他们在初一，我第一次去给他们上课，他就在教室不听课，我上课是比较严格的，不允许出现这种情况，我就说了他几句，然后他就站起来要出去，要逃跑。那个小孩已经站起来，走到教室门口了。哎呀，我当时感到非常生气，就走过去

---

① 在对勐海县民族中学教务处某主任的访谈中，他明确表示他们学校是明确以升学为目的的学校，愿意到他们学校来读书的都是愿意升学的学生，而且和尚生很少，整个学校三四百人只有几个和尚生，所以学生的学习积极性还是相对较高的，因而，不存在类似于一般学校教师教学积极性不高的问题。

拉了他一把。可能当时我用力大了一点，就把他拉倒在地上了，他当时站起来就拳头捏起来想跟我打架。哎呀，我当时太生气了，就想，作为一个学生，我都教了你这么多年了，你怎么能这样对待老师。我很生气，就说："来，你是非常想打架吗？那就来，过来！我们两个随便你要怎么都行。"我当时很生气，就冲到他面前。那个小孩当时眼泪就刷刷刷下来了。我实在是忍无可忍，就说："你去叫你的爸爸妈妈。"他爸爸来了后，第一句话就是问我为什么要打他的儿子。他没有批评他儿子，第一句话就来反问老师："你作为老师，你为什么打我儿子，把我儿子打哭了。"然后他又跑去找到我们校长。当时我就感觉到，哎呀，家长怎么会这样子。

图 3-30 小学生的自习课（1）

图 3-31 小学生的自习课（2）

图 3-32 认真自习的小学生

图 3-33 和尚生较少班级的自习课

图 3-34 和尚生较多班级的自习课

类似的冲突，在西双版纳地区的学校中时有发生，正如勐海县城某中学的 W 校长所说：

> 因为我们是强压着、求着他们来读书，而他们是根本不愿意来的。所以，很多时候会发生一些不愉快的事情。但是，现在有许多政策其实是不公平的，现在对学生人权保障的法律法规十分多，而对教师人权的保障较少，而且，现在的媒体在这种事情上经常是同情学生的，这是十分不公平的。比如，老师拉了学生一下，学生告到上一级部门，老师可能就要受到处罚，相反，如果学生打了老师，最多也就是对学生教育一下。现在人权这一块，学生的权利维持得很好，但是，老师这一块，就是尊师，其实做得很不好的。

W 校长的话是十分有道理的，在学校中如何确保教师和学生双方的权利，确实是值得我们深入思考的问题。同时，W 校长对这一问题的深入思考，也说明了当前西双版纳学校教育中师生间的冲突绝对不是偶然的事件。

（八）师资专业结构不合理

在曼罗九义学校考察时，我发现他们发的初中教材中虽然有音乐、美术，但是却没有相关的课程安排。该校负责教学工作的 Z 校长告诉我，这主要是由于没有相关专业教师。我觉得很奇怪，因为他曾告诉我说他们学校的教师是超编的。既然教师超编，为什么还会缺教师呢？在了解了该校各学科教师的具体情况后，我终于明白了，虽然该校的教师超编，师生比达到了

1：19，但是，教师的专业结构是不合理的。比如，全校一共24个班级，却只有一位体育专业毕业的教师；而全校也只有一位音乐专业毕业的教师，这位音乐教师只在小学里教，所以，初中就无法设置音乐课了；而学校里根本没有美术教师，因而，无法开设美术课。但是，由于上级管理部门在计划是否引进教师时，只考虑到教师的在编人数，而不考虑教师的专业比例，因此，即使事实上学校里有些学科的师资是十分匮乏的，但是由于超编，也不允许再进人了。

　　Z校长还告诉我，他们村支书的儿子到昆明上了大学，学的就是体育专业，回来后却没有找到工作。虽然他们学校很需要这样的体育教师，但是，由于上级管理部门认为该校教师超编，没有编制了，所以，没办法再引入了。

　　另外，在西双版纳考察期间，每问到一个学校教师的学历达标情况时，回答基本上都是专任教师学历合格率①达百分之九十多，甚至是100%，但是，只要再深入地了解一下具体情况，就会发现这里存在着很多问题：学历达标多为函授学历，第一学历达标的很少，而且，函授的课程和许多教师实际的教学专业不一致，这一现象在理科教师中比较多见。比如，一位教物理或化学的教师，在函授高一级学历的时候，可能函授的是中文或历史之类的科目，因为文科的函授好通过，物理、化学要难一些。②

　　这种师资配置的不合理，尤其是专业配置的不合理使得学校的教学质量受到了一定程度的影响。同时教育部门在对师资配备情况进行统计时，理念上有错误，使得学校里某些专业的教师匮乏，而相关专业的大学生却找不到工作的怪状。同时，社会上出现了许多大学生毕业却找不到工作，毕业即失业的社会现实，也给正在上学的学生造成了不良影响，进一步压制了他们上学的积极性。

　　由此可见，当前西双版纳的学校教育存在诸多方面的问题，这些问题既

---

　　① 专任教师学历合格率，是指某一级教育具有国家规定的最低学历要求的专任教师数占该级教育专任教师总数的百分比。各级教育教师的最低学历要求，参照《中华人民共和国教师法》中的相关规定：取得小学教师资格，应当具备中等师范学校毕业及其以上学历；取得初级中学教师、初级职业学校文化、专业课教师资格，应当具备高等师范专科学校或者其他大学专科毕业及其以上学历；取得高级中学教师资格和中等专业学校、技工学校、职业高中文化课、专业课教师资格，应当具备高等师范院校本科或者其他大学本科毕业及其以上学历。

　　② 其实，这种现象在我国其他许多贫困的边远山区和民族地区也是存在的。

有校外因素的影响，也有学校自身在教育教学管理上的问题。这些问题并不是孤立的学校教育的问题，而是与西双版纳傣族的寺庙教育有着千丝万缕联系。

第三节　西双版纳傣族寺庙教育与学校教育的对立冲突概况[①]

西双版纳傣族寺庙教育和学校教育两种不同的教育方式在现实中都是存在的，可以说两者当前处于共存状态，即寺庙教育与学校教育共存并共同作用于傣族社会，但是，共存并不意味着两者可以和平共处。当前西双版纳傣族的寺庙教育与学校教育，表面看来似乎没有什么冲突，两者各为其事、各行其责、互不干涉，甚至有时候还请佛爷监督和尚生的上学情况，而实际上，两者在许多方面都处在矛盾冲突的状态之中，这主要体现在以下几个方面。

一、生源上的冲突

在学校教育介入西双版纳傣族地区前，傣族男童一般在七八岁的时候就要进入佛寺接受寺庙教育，但是，学校教育介入后，傣族的寺庙教育与学校教育出现了抢夺生源的现象。在 20 世纪 50 年代以后，西双版纳傣族地区纷纷建立学校，这一时期寺庙教育与学校教育在生源方面的矛盾已经出现，但随着"文化大革命"时期佛寺被迫关闭，加上此时学校教育遭到破坏，两者的矛盾在这一时期并没有得到充分体现。20 世纪 80 年代以后，随着国家各项工作逐渐步入正轨，学校教育回到了正常轨道，西双版纳傣族的寺庙教育也得以恢复。与此同时，西双版纳傣族寺庙教育与学校教育在生源上的矛盾也逐渐凸现：佛寺恢复后，许多傣族家庭在把女童送入学校接受现代学校教育的同时，仍然沿袭传统把男童送入佛寺接受寺庙教育。然而，适龄儿童必须接受义务教育为国家

---

① 该节部分内容经整理后发表，具体参见陈荟：《西双版纳傣族寺庙教育与学校教育冲突现状及归因分析》，《教育学报》2011 年第 2 期，第 89-100 页。

法律所规定，而进入寺院接受寺庙教育也是符合国家的宪法规定的，因而，二者对于傣族男童而言都具有合法性。此时，两者在生源上，尤其是在傣族男童生源的争夺上，可以说是寺庙教育胜出，占有优势，使得西双版纳傣族学生的入学率极低，甚至总人数上不及一些人口较少民族适龄儿童的入学数量。①当时，针对这一状况，相关部门出台了"要么披袈裟进寺，要么脱掉袈裟才能进学校"②的规定，进一步加深了两者间的矛盾。

面对这一状况，此后，当地相关部门制定了诸多地方法规，逐渐把对生源争夺的优势扭转到学校一方。例如，《云南省西双版纳傣族自治州民族教育条例》第三十五条曾明确规定：

> 宗教不得妨碍义务教育的实施。在信仰上座部佛教地区的儿童和少年均应遵守《中华人民共和国义务教育法》，按规定的入学年龄在校学习，接受义务教育。在初等义务教育阶段，不得入寺当和尚。在学校学习的佛爷，必须遵守学校纪律，学校对他们不得歧视。在学校内，不得进行宗教活动，禁止迷信活动。

许多村寨和学校的各种规定也明显向学校教育倾斜，如前面讲到的《曼罗九义学校家长、佛爷、村领导联系制度》和《教育协管员职责及奖励办法》也都要求佛爷为和尚生的学校教育的学习状况负责的规定，如"每月召开一次佛爷会议，反馈和尚生在校学习、生活表现情况，同时了解和尚生在寺庙里的活动情况"。此外，许多地方对傣族男童入寺当和尚的年龄也作了明确规定，如必须在 15 岁以后或者小学毕业后才允许入寺当和尚③；有的地方甚至对每年入寺当和尚的人数做了规定，如规定当年入寺当和尚的人数最多为 6 人，等等；再加上对不按规定接受学校义务教育的学生采取了相关的经济惩罚措施，使得西双版纳各地区学生，尤其是傣族学生的入学率得到了极大提升，绝大多数地方的适龄儿童入学率都已经达到了 100%。在各种相关政策法规的协助下，寺庙教育与学校教育对傣族男童生源的争夺，最终以学校教育的胜利而告终（至少在表面上是如此）。而与此同时，寺庙教育却面临着生源短缺的状况：随着

---

① 韩忠太：《缅寺与傣族男性的传统社会化》，《云南民族大学学报（哲学社会科学版）》2007 年第 5 期，第 52 页。

② 米云光：《试论正确处理上座部佛教与傣族教育的关系》，《今日民族》1996 年第 1 期，第 44 页。

③ 关于傣族男童入寺当和尚的年龄，各地区的规定不同，如曼罗九义学校规定在上完小学后才可以入寺当和尚，而嘎洒镇则规定佛寺不得招收 7～15 岁（相当于整个义务教育阶段）的少年儿童入寺当和尚。

学校教育的介入，许多傣族男童完成小学学业后，观念发生了变化，加上对入寺男童年龄的限制，使得随着年龄的增长，愿意入寺当和尚的傣族"适龄"男童越来越少了。正如曼罗九义学校的岩龙老师所说：

> 以前和尚太多了，庙里住不下。以前佛爷也多。有时候一起升和尚的都有五六十人，太多了，住不下。现在，他们都要先到学校里念书，小学毕业才允许到寺里当和尚。在学校学习后，观念都改变了一些。有的读书，读着读着也就不想当和尚了；也有的，读书后年龄大了，过一两年就要娶老婆了，也就不想当和尚了。

对此，岩龙老师十分担忧，认为：

> 相对学校而言，在佛寺里能学到的傣族传统文化更多一些。有的学校里面也开了相关课程，但是很少，绝大多数都没有开设。因为，这要看学校老师的能力，还有开设的方法，每个学校都不一样。我们学校里没有开设傣族传统文化方面的专门的课程，只是这学期刚刚开设了傣语课。

一些文化自觉意识比较强的傣族老人对此也十分忧虑，如66岁的岩罕老人就表达过这种担心：

> 到佛寺里学习，当和尚很重要的，传统文化嘛，要学的。由于现在庙里对小和尚的管理就比较放松，以前不是这样的。如果继续这样的话，我想，过几年就没有人去当和尚了，傣族的一些文化也就没法传下去了，要变了。景洪那里有好几个村寨就没有和尚了，要做佛事活动还要到别的寨子去请和尚。

二、时间上的冲突

学校教育介入前，西双版纳傣族男童只能通过接受寺庙教育的方式来学习傣族传统文化。傣族男童入寺当和尚后必须待在佛寺里，不许回家，这就为他们接受寺庙教育提供了充足的时间，并为还俗后会使用老傣文、能够读懂各类用老傣文写作的古典书籍提供了时间上的保障。而当前，寺庙教育的时间完全参照学校教育的时间安排作相应的调整。按照地方相关部门的规定，学校上课期间，和尚生必须按照学校的作息规定到学校上课，如此一来和尚生的念经时间只能安排在晚上和周末节假日等时间进行。

在考察期间，笔者曾看到所考察村寨寺庙的墙上贴着一张"读书念经时间表"（图 3-35）：早上 6：30 起床；7 点到 8 点多学经书；17：00—19：00 是复习经书和学经文时间；21：00—22：00 是学经书和念经时间等。而曼罗九义学校的课堂教学时间是：7：30 开始早读；8：00—11：40 是上午课堂教学时间；14：30—17：50 是下午课堂教学时间。两者一对比，就会发现寺庙教育的时间和学校上课的时间有冲突，笔者便进一步向都三佛爷询问。都三佛爷说："这个表是暑假期间做的。周末或假期就按照表上的时间念经学习。学校开学，他们（小和尚）白天就按照学校的时间去上学，只有晚上回来才能学习经文。"

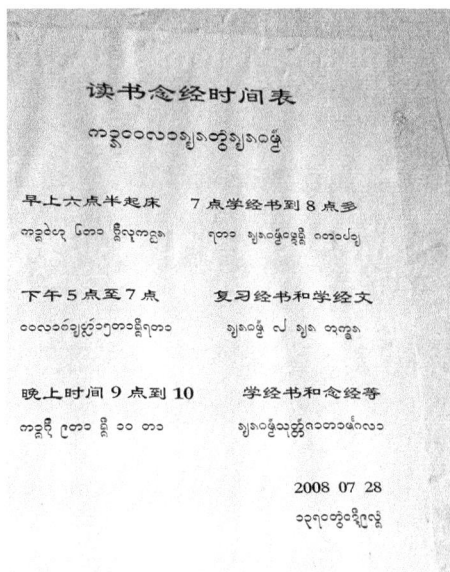

图 3-35　读书念经时间表

如此一来，与以前相比，和尚在寺庙学习的时间与以前相比就大大缩短了，加上现在的傣族男童在寺里当和尚的周期越来越短，有的甚至两三个月就还俗了，因而，还俗后只会背几段经文，仍然不能熟练掌握老傣文的情况在傣族的青年男子中十分普遍，更不用说实现对傣族传统文化的传承了。

此外，相关部门虽然制定了各种规定，学校教育的正常教学时间得到了保障，但是傣族频繁的宗教活动对和尚生学校学习时间占用的情况仍然存在，对此，勐海镇某中学的一位校长也十分无奈：

> 傣族的各种宗教节日较多，一有宗教活动，傣族的和尚生就要参加，有时候也要求所有的傣族男童参加，他们经常请假。不让他们去吧，说是不尊重宗教自由；让他们去吧，又耽误了学习。学校教学是有进度规定的，不能总是为了他们而拖延进度，否则，到学期末就完不成教学任务了。但是，这些学生经常缺课，一次跟不上进度，就再也跟不上了，也挫伤了他们学习的积极性。

由此可见，学校教育与寺庙教育时间的矛盾造成的对傣民族传统文化传承的消极影响和频繁的宗教活动对学生正常的学校教育造成的干扰，使得时间上的冲突成为西双版纳傣族寺庙教育与学校教育矛盾冲突的一个重要方面。

三、教学内容上的冲突

西双版纳傣族寺庙教育与学校教育在教学内容上的冲突主要体现在科学与宗教，以及新傣文和老傣文的学习上的冲突两个方面。

（一）科学与宗教的冲突

西双版纳傣族寺庙教育的主要功能之一是传播佛教的教义和信仰，而学校教育的各种功能则主要是通过传播科学文化知识实现的。文化本来是应该包括宗教的教义和信仰的，但是，历史上的经验教训，并且秉承宗教信仰自由的原则，使得宗教的传播在全世界几乎所有现代意义上的学校教育中都是被禁止的。因而，我们现在所说的学校教育中所传播的科学文化知识，当然是不包括宗教教义和信仰的。而"教教分离"的原则又使得人们很容易在内心简单地把两者作为绝对对立的双方来看待。另外，即使从两者的具体内容上也存在着明显的对立，甚至有的学者就直接宣称"科学在本质上是对宗教的一种反动"：宗教宣传人是上帝创造的，科学宣称人是由低级生物逐步进化而来的；宗教否定现世的意义，号召人为了来世或天堂而努力，科学否定来世和天堂的存在，而聚焦于改造现实世界。[①]

---

① 〔加〕厚德：《谈科学与宗教的"和平共处"》，《书屋》2002 年第 5 期，第 30-34 页。

　　西双版纳傣族人民所信仰的南传上座部佛教宣称世界是由三个部分组成的——天堂、人间、地狱，而这三个部分是平行的、一层一层的，地球是平面的方形，而科学则否认天堂与地狱的存在，并以有力的证据证明地球是球状的；南传上座部佛教宣称佛祖是永生的、不死的，而科学告诉我们人终有一死；南传上座部佛教倡导人们的今世是注定的，应为来生的幸福而赎佛，科学却鼓励人们要用自己今生的努力来改造世界，等等。许多类似的相互对立的观点摆在傣族学生面前。事实上，学生受知识和阅历的限制，很难做出正确的判断，面对一个出自令傣族人民敬仰的佛爷之口，一个出自代表着"真知"的教师之口，却截然对立的两种观点，有的学生对佛爷完全信任，有的则相信老师，而绝大多数学生则在两者间来回徘徊，或者根本不去考虑这些问题，采取一种回避的态度。

　　在曼罗村的寺庙里，我曾问过一位已经初中毕业的大和尚（图3-36），相不相信有天堂的存在。他说他信。他认为人死后，如果生前做了许多好事情就会上天堂的，否则就会下地狱，而天堂里的人死后又回到人间。我问他："天堂是什么样子的？"他说，就和他们现在住的寨子是一样的，只不过都是很好的房子，很多好吃的，不需要很辛苦，生活得很快乐。我又问："你们上学的时候老师有没有给你们讲过实际上是没有天堂的。"他说老师讲过，但是他不同意老师的说法，他认为是有天堂的。而寺里其他和尚绝大多数回答说他们也不太清楚，也没有想过那么多。

图3-36　曼罗佛寺里的大和尚

　　我曾冒昧地向都三佛爷问过类似的问题，问他：相信世界上有一个永生的佛的存在吗？他听后显得很惊讶，说："我不知道啊！你在哪里听说的啊？"我说你们的佛经故事里不是都这样说的吗？他停顿了一下说："哦，是吗？也许会有（永生的佛）吧。"我又问："你相信人有来生、来世吗？"他回答说："我也不知道清楚啊！（我也不太清楚的意思）这我也不好回答的，我是半信半疑的啊！不过我还是有点相信善有善报和恶有恶报的，你当和尚时做了一些不该做的事情，如果你出门，做什么事情都不怎么顺吧。不过我也不是很清楚啦，怎么说呢，什么事都是半信半疑的好啊，有些事情是很难说清楚的。"我又紧接着问："那你认为人死后会到哪里去呢？"他回答："有上天堂的，也有下地狱的吧，就是分好和坏了（指生前好事做得多，还是坏事做得多）。"从都三佛爷的这段谈话可以看出，其实他对其所信仰的南传上座部佛教的某些具体内容也是不太清楚的，对很多说法也都持半信半疑的态度。

　　而曼罗九义学校的岩龙老师（图3-37）就曾在当佛爷期间，把自己在学校里学习到的科学知识讲给傣族的老人听，但是，老人们都不相信，还是坚持佛经里的一些说法：

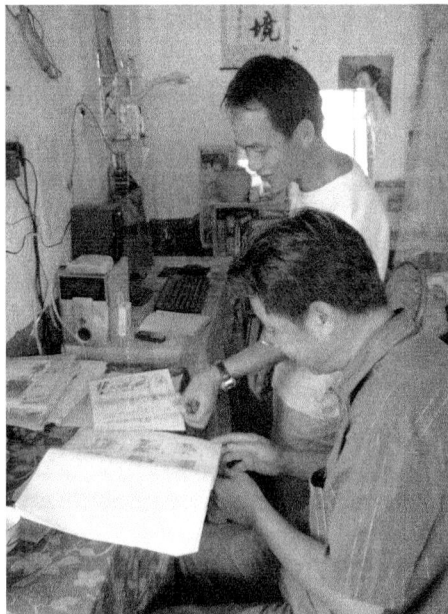

图3-37　岩龙老师（上方）

我曾经告诉奶奶说地球是圆的，可是奶奶不赞同，坚持认为地球是平的，上面是天堂，下面是地狱。现在傣族的小孩子接受两方面的教育，一方面是学校里的科学教育，懂得科学；另一方面又受寺庙教育的影响，接受人有来世之说。并且，学生都是根据自己的判断来选择是接受学校教育中的"科学知识"，还是接受寺庙教育中经书的说法。

由此看来，这位岩龙老师应该是比较认可学校教育的科学知识方面的相关内容的，但是，他认为现在傣族的小孩子接受两方面的教育，一方面是学校里的科学教育，懂得科学；另一方面又受寺庙教育的影响，接受人有来世之说。

（二）新傣文和老傣文学习上的冲突

傣文是在佛教传入傣族地区后产生的，近现代傣族地区流行过的四种不同形体的傣文（傣泐文、傣那文、傣绷文、金平傣文）均是从印度梵文体系变化而来的，但在具体的写法及元、辅音的数量上有一定区别，为了与20世纪50年代文字改革时期在老傣文基础上加以编制的傣文（新傣文）相区别，一般把这4种傣文统称为"老傣文"。其中西双版纳地区傣族使用的老傣文是傣泐文。

当前，西双版纳傣族寺庙教育和学校教育都教授傣文，但所教的是两种形态的傣文：由于寺庙里的经书都是由老傣文抄写而成，和尚要想诵读经书就必须学习老傣文，因而，寺庙里教授的是老傣文（图3-38、图3-39）；而当前西双版纳的各级政府部门和学校使用或教授的都是20世纪50年代文字改革时，在老傣文的基础上编制的新傣文（图3-40），甚至在西双版纳当地的一些非傣族聚居区，如瑶族聚居区，政府部门仍然使用新傣文，各种标识牌都是用汉字和新傣文来标识的（图3-41）。

图3-38　傣族老人讲述经书里的佛经故事

图3-39　老傣文教学

图 3-40　学校教育中的新傣文教学　　图 3-41　西双版纳瑶区用新傣文标注的商铺名

据了解，新旧傣文相比较而言，老傣文要复杂一些，老傣文是上下左右结构的，另外还有韵母的区别和声调的变化。而新傣文只有左右结构，在书写时比较方便，就像英文单词一样，一个字由左至右写过去就行了。在曼罗九义学校教英语，也教新傣文的岩龙老师对新老傣文的区别作了较为容易理解的区分：

　　新傣文，同样或相近发音的就用一个"单词"来统一表达。老傣文，同一个音表达不同的意思时有不同的写法。比如表达"开水"或"冷水"，老傣文的韵母是有变化的；比如，"桥"和"笑"在老傣文里发音是一样的，但是，写法上是有差别的。而新傣文把这些差别都取消了，同样的发音只用一个"单词"来表达。

这个似乎与汉字的繁体、简体有相似之处，但是，与西双版纳新老傣文的变化相比，汉字的简化还只不过是一一对应的形态上的变化，一般而言，看一篇文章，如果能看得懂简体字，也是大概能看得懂繁体字的文章的意思的。但是，新老傣文的变化就不同了。据都三佛爷和岩龙老师介绍："认识老傣文的老年人能看得懂新傣文，因为只要知道了规律就很简单。但是，反过来，认识了新傣文，如果不专门学习，就不可能认识老傣文，根本不可能看得懂。"

如此一来，寺庙教育与学校教育所教的傣语虽然在发音上是一致的，但是在写法上差别是十分大的。从这一方面讲，和尚生实际上要在学习与其他一般学生一样的课程之外，还要比他们多学习一种"文字"，学习的压力自然要比一般学生大。而且，就西双版纳傣族人民的生活而言，学校所教授的新傣文在生活中使用得并不普遍，反而是老傣文要在许多场合中用到（图3-42、图3-43），这种状况也致使许多傣族学生学习新傣文的积极性不高。虽然傣族学生在学校里学过新傣文，但是平时又用不到，所以学完就忘了，不仅不会写，看也看不懂。

图 3-42　客厅顶梁柱下用老傣文书写的
吉祥语

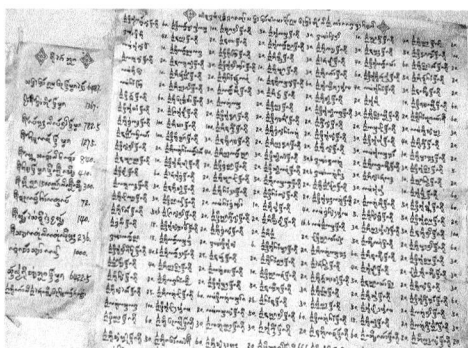

图 3-43　寺庙里用老傣文书写的
捐款人姓名

　　新傣文的强制性学习和老傣文在西双版纳傣族日常生活中的广泛使用，使得学校教育中，学生新傣文的学习积极性不高。就连参加了勐海县新傣文教材编写工作，并且负责学校新傣文教学的岩龙老师对此也充满了疑惑和无奈："我也搞不懂，上面为什么要让学生学习新傣文，但是，我们没有办法啦。"

四、学生人生观上的冲突

　　西双版纳傣族地区生存环境优越，傣族人民形成了一种安于现状的生活态度，这与南传上座部佛教的许多教义不谋而合，使得傣族人民很快便接受了它，成为全民信仰南传上座部佛教的民族。反过来，南传上座部佛教的许多教义又对西双版纳傣族学生的人生观产生了深刻的影响。南传上座部佛教宣传人

生是苦海的思想，认为人有生、老、病、死四大痛苦。此外，得不到自己所爱的人或自己所爱的物，恨别人或被别人恨，妻离子散，追求功名利禄、金钱美女不达目的，因不明是非而误入歧途等，都是人生的苦难。上述人生苦难即所谓"苦谛"。产生一切邪恶、一切苦恼的原因是人的欲望。因此，人"应该以慈悲为怀，忍辱为行，对于声、色、货、利，五欲六尘多远避之，绝不能像世人那样心无餍足，惟得多求"①。因此，只有"灭欲"才是摆脱人生苦恼的根本方法，这就使得西双版纳的傣族学生从小便在耳濡目染中形成了一种安于现状、不思进取的人生态度。正如岩龙老师所说：

> 傣族出去打工的比较少，一般最远到昆明，不出云南。傣族人很不想离开家，离家最多一年、两年，都还是要回来的。走得最远的就是到泰国去，去个五年、六年，还是要回来。家的观念比较重。我们傣族有句谚语就是说：在他乡享多福也是没有在自己故乡苦好。就像汉族说的：金窝银窝不如自己家的狗窝。一般即使在外乡死了，还是要回到故乡，埋在自己家乡。我们傣族人对自己家乡的土地舍不得，一辈子都要守着的，好像没有家乡的土地就活不了的样子。不像汉族或其他民族，只要他到哪里能存活就到哪里。

正是傣族学生这种人生态度，加上优越的生存条件，使得傣族学生普遍认为，学习好不好没有关系，考不上学即使在家种地或者做点小生意也能过得很舒适，既然如此，那又何必要那么辛苦地去学习呢，毕竟学习也是件很辛苦的事情，需要刻苦用功。

这种安于现状的人生观，与学校所提倡的积极进取的人生态度和刻苦学习的精神（图3-44、图3-45）显然是相违背的。两种不同的人生价值取向也造成了西双版纳傣族寺庙教育与学校教育的冲突，尤其是对傣族学生学校学习的积极性产生了十分不利的影响，也是造成其接受学校教育积极性不高的一个重要原因。

---

① 刀正明：《小乘佛教与傣族信仰》，转引自刀承华，蔡荣男：《傣族文化史》，昆明：云南民族出版社2005年6月，第209页。

图 3-44　班训：勤学、勉赶、比帮、自律

图 3-45　班训：勤奋、守纪、活泼、整洁

五、和尚生身份上的冲突

在西双版纳傣族地区，当傣族男童经过升和尚的仪式进入寺庙后，就成了佛的弟子。他们只接受佛爷的管教，连父母都没有资格再对其进行管束；他们平时不用参加劳动，到任何地方都要受到傣族人的尊重；父母长辈都成了他们的信徒，在各类宗教节日或日常的小型赕佛活动中都要对他们顶礼膜拜，这种身份使他们相对于同龄人而言，具有一种优越感。然而，当他们进入学校后，由于学校提倡对学生一视同仁、平等对待，和尚生也不例外，因而，他们在日常生活中的优越感一下子消失了，取而代之的是与一般的傣族学生一

115

样的身份——学生（图3-46）。但是，由于和尚生在此时年龄尚小，无法承受这种身份从高到低的突然转换，更无法很快地从心理上迅速地进行相应的心理调整，因而，一旦他们将和尚的身份和优越感带入学校就会面临众多打击，并且也会使其行为与学校学习和生活要求不一致，从而引发师生间的许多冲突。

图 3-46　参加学校大扫除的和尚生

在西双版纳的学校中，教师和和尚生发生冲突的例子随处可见，前文中曾讲到的师生冲突的例子，究其原因，其实就是和尚生把和尚的优越感带入学校，以和尚角色替代学生角色造成的。据许多学校教师反映，傣族男童在当和尚之前，有很多都是学业上十分优秀的学生，但是，当了和尚后情况就发生了非常大的变化。对此，岩龙老师也深有体会：

> 对于傣族的男学生来说，从小学到初中，其实他是两个人的变化。女同学可能变化得少一些。我们学校小学一年级到六年级，很大一部分傣族学生的学习成绩还是比较稳定的。但是到了初中以后，不知是心理上的变化，还是什么变化，特别是男同学，到了初一下学期，一个班级基本上就找不到两个男同学学习好的，基本上没有。我们学校学习成绩好一点的男同学，一般都是外来的，他们父母是来这里打工的。女学生学习成绩还是比较稳定的。可以说，我们学校学习成绩好一点的基本上都是女的，男的也就一两个啊，基本上就没有。

  这些傣族男学生的学业成绩之所以会集中在初一的下学期发生较大的变化，是由于西双版纳的许多地区对傣族男童入寺当和尚的年龄或年级作了相关规定，如西双版纳州在《云南省西双版纳傣族自治州民族教育条例》第三十五条曾明确规定："在初等义务教育阶段，不得入寺当和尚。"而傣族"升和尚"的仪式一般都是固定在每一年的某个时期集中进行的，曼罗村傣族男童"升和尚"的时间恰好就在学校每年第二学期开学前后。也正是在此时，即初一下学期，他们具有了双重身份——和尚身份和学生身份，这也是和尚生与教师间的冲突经常发生在这一时期的原因所在。前文所讲述的师生冲突的例子就恰恰发生在这一时期。

  此外，学校老师和领导都把学校教育中所存在的问题的源头指向寺庙教育。比如，学校里的老师和领导经常埋怨说，佛寺管理上的松散使得学生不遵守学校纪律，扰乱课堂秩序，严重影响了教学效果。而小和尚们又抱怨说，学校的管理太严格了，不自由，从而成为他们不愿意到学校学习，而只愿意待在寺庙里的重要原因。笔者在考察期间，去听过和尚生人数较多班级的课，在课堂上，坐在我身后的两个小和尚整节课都在不停地讲话，有些和尚生一直在睡觉，或者自己玩自己的。即使有老师在，与内地的一般学校相比，课堂教学秩序仍然是很乱的。在短短的45分钟的课堂教学中，老师用来专门强调课堂纪律的次数就不少于10次，而课后这位老师却告诉我，因为今天我来听课，所以，今天的纪律算是比较好的了。在寺庙里散漫惯了的和尚生，到了教室里当然是坐不住的。而和尚生在学校中的种种行为和对待学业的消极态度，又直接影响了其他学生学习的积极性，从而使得整个西双版纳地区的学生在对待学校教育的态度上整体而言都是消极的，并且进一步激化了西双版纳傣族寺庙教育与学校教育间的矛盾冲突。

第四章

西双版纳傣族寺庙教育与学校教育对立冲突的原因分析[①]

从西双版纳傣族寺庙教育与学校教育冲突的现状来看，其涉及的内容是多方面的，那么，究竟是什么原因造成两者间的冲突呢？通过对西双版纳傣族地区政治、经济、文化等生产生活状况的实地考察，并在对考察资料整理和深入分析的基础上发现，造成这一状况的原因主要包括经济优势带来的文化优越感和对他文化的排斥心理；相关政策向学校教育"一边倒"的倾向；学校教育传承傣族文化功能的有限性；学校教育脱离实际致使"读书无用论"流行；寺庙教育的世俗化和管理上的松散状态等几个方面。

第一节　经济优势带来的文化优越感和对他文化的排斥心理

西双版纳地区的傣族人民都生活在气候宜人、物产丰富、人少地多的坝

---

① 该节部分内容经整理后发表，具体参见陈荟：《西双版纳傣族寺庙教育与学校教育冲突现状及归因分析》，《教育学报》2011 年第 2 期，第 89-100 页。

区。坝内土地宽广肥沃，阡陌纵横，田畴广布。正是傣族人拥有了西双版纳生存条件最为优越的坝区，使得其在西双版纳地区一直占据着经济上的优势，加上现在政府在西双版纳地区鼓励橡胶、甘蔗、茶树等经济作物的种植和生产，使得本来生活就十分优越的傣族人民更加富裕。

2008 年，笔者在西双版纳傣族地区考察期间，曾对位于景洪坝，距西双版纳傣族自治州政府所在地景洪市仅 5 千米的曼么协村村民玉丙家的收入情况作过详细了解：

据玉丙本人讲她家的收入在曼么协村属于一般收入水平。她家有1300 多棵橡胶树，一天能割 30 千克左右的干胶（图 4-1）。2008 年干胶的最低价格是每千克 17.5 元，最高价格是每千克 23 元，一年当中除了 11 月至次年 3 月不割胶之外，其余时间都是可以割胶的。如果按照干胶的平均收购价格每千克 20 元计算，玉丙家一年割胶的毛收入就有近 13 万元。此外玉丙家还有 7 亩稻田，一亩地大约能收500 千克稻谷，玉丙一家共 6 口人（包括玉丙的父母、玉丙夫妻、两

图 4-1　出售当天采割的胶水

个女儿），按照要预留下来供一家人吃的 750 千克稻谷外，一年要卖出去的稻谷有 2750 千克。2008 年稻谷的价格是每千克 1.8 元，玉丙家卖稻谷的年毛收入约为 5000 元。此外，玉丙家还买了一辆小面包车，有空的时候还帮别人拉点货，赚点散钱。这几项加起来玉丙家的总收入每年就有近 15 万元。

以上数据仅是根据玉丙个人的陈述，由于涉及钱财问题，可能会对我们有所隐瞒，但是，在 2008 年，年收入十几万也并不算低了。据报道，8～12 年树龄的橡胶树最高产，两天一割的话，一棵树一天可以产 0.5～1 千克胶水，干胶含量为 25%～30%，而 2017 年干胶的收购价格为每吨 32 000～33 000 元。根据此数据，按照最为保守的估算，2017 年仅依靠橡胶树，玉丙家的年收入就不会低于 50 万元。

而作为重点考察对象的勐海县勐遮镇曼罗村，位于素有"西双版纳第一平坝"之称的勐遮坝内，四周有邦敢山、西定山、南双岭等群山环绕，中间有南央河与南哈河流过，坝子边沿分布着曼满、勐邦、曼老等近十个大小水库，全乡耕地面积 10 余万亩，是自治州的粮食主产地之一。由于勐遮坝地处平坝，气温略低，所以不适宜种植橡胶。但是，勐遮坝也有自己的优势，坝区的气候十分适宜种植茶叶和甘蔗，因此，茶叶和甘蔗是曼罗村村民的主要收入来源。此外，传统手工编制的装茶叶的篾箩也是曼罗村村民的重要收入来源（图 4-2）。据了解，早在 2008 年，曼罗村村民岩罕家的年收入就已经在 15 万左右，光靠编篾箩一项的年收入就有近 10 万。曼罗村更是每家每户都盖起了十分漂亮的二层以上的水泥楼房（图 4-3、图 4-4）。据了解，每栋楼房的造价都在 50 万元左右，并且，每户人家都有两三辆摩托车，彩电、冰箱更是极为普通的家用电器，许多人家已经买了私家轿车（图 4-5），许多人家也正在筹划着近期买私家车。面对如此优越的生活条件，西双版纳傣族人是很少到外省打工的。在考察中，曼罗村村主任岩香中曾说："因为西双版纳的气候好，生活好，不愁吃穿，一般人是不愿意离开家的，只希望能在家好好耕地，有个好收成。"据 2008 年 10 月罗曼村村民小组组长提供的统计，曼罗村一共有 172 户，共计 948 人，而目前在外有正式工作的仅仅有 36 人，即使有出去打工的也都是在勐海县附近的村寨，极少有到西双版纳之外的地方打工的。

图 4-2　编制装茶叶的篾箩

图 4-3　景真村俯瞰

图 4-4　富裕傣族村民的住宅和车辆

图 4-5　村民购买的私家车

虽然经济的发达程度与文化的发展并不一定是成正比的，但是这种经济上的绝对优势使得傣族人对自己的文化同样也拥有了一种优越感，这种优越感体现在傣族文化的方方面面。比如，傣族关于贝叶经的传说故事就充分体现了这种优越感：正是傣族人的聪明和智慧，使得同时去佛祖那里祈求文字的汉族和哈尼族都没有得到正宗的佛祖赐予的文字，只有傣族人带着既不能吃也不会被水浸湿的贝叶，才把佛祖赐给的文字完整地带回来了，所以才形成了今天"绣花似的，具有优美字体"的傣文。虽然这些只不过是传说故事，但是从这些传说故事中可以明显地感受到傣族人在文化上的优越感。

民族是人们在历史上形成的一个个有共同语言、共同区域、共同经济生活以及表现共同文化上的共同心理素质的稳定的共同体。一般来说，同一民族长期共同参与、分享一种文化制度，久而久之，便会形成这个民族的人们共同的精神形态上的特征。但是，当渊源不同、性质不同及目标取向、价值取向不同的外来文化移入本民族文化时，就可能由比较、竞争发展为对抗、冲突。①尤其是当这一民族在本地区的经济文化上长期处于优越地位时，更是如此。这种优越感在长期的发展过程中很容易演变为一种封闭的文化心理，并最终形成文化保守主义，使得他们很难接受外来的文化，并从心理上加以排斥。

---

① 朱俊杰，杨昌江：《民族教育与民族文化发展研究》，长沙：湖南教育出版社 2006 年 12 月，第 45 页。

　　在研究中，许多学者经常把汉族的文化称为主流文化，其实，主流文化只是一个相对的概念。所谓主流文化（main stream culture），又称主导文化，是指在一定时期、一定社会和群体范围内占主导地位，对社会和群体的总的政治经济文化方向发展起决定作用的文化。它确定了一个社会的基本文化特征和主要的风俗习惯，决定着其他文化的地位和影响。由此可见，主流文化只不过是一个相对概念，是受"一定时期、一定社会和群体范围"限制的。从国家这个群体的角度而言，居于主流文化地位的是汉族文化，但是，具体到每个地区，受地域的限制，主流文化又有所不同。在西双版纳地区，由于历史上傣族长期以来都是该地区的主体民族，加上其在经济上的优势地位，即使在人口流动较为频繁的今天，傣族在西双版纳地区一直占据着经济上的优势地位，使得其所拥有的傣族文化在当地仍然一直处于主导地位，是该地区的主流文化；而从整个国家的角度而言，代表着国家主流价值观的学校教育到了西双版纳地区就成了一种非主流的弱势文化。因而，即使学校教育代表的国家主流文化通过相关政策的强制推行，在西双版纳地区得以存在，但是，仍然会受到代表西双版纳地区主流文化的傣文化的强烈抵触。

　　相比较而言，同样在西双版纳地区长期生活的哈尼族、拉祜族、布朗族等少数民族，由于都生活在海拔较高的山区（图4-6），耕地较少，交通不便，自古以来生活就相对较为贫困（图4-7、图4-8），文化上也处于一种非主流的弱势状态，为了摆脱生活上的贫困，他们反而更容易接受外来文化。笔者在考察中通过比较分析发现，哈尼族与拉祜族等居住在山区、经济条件较差的少数民族与傣族相比更容易接受汉族的文化，汉化的程度更高，而这些民族的学生在学校的学习也相对更为刻苦，家长也十分重视孩子的教育。勐海县某中学的一位校领导也曾表达了类似的看法：

　　　　少数民族当中，相对来说，哈尼族最重视读书。有一次，都要到12点了，我正要回家，有一对哈尼族的父母就要送孩子来上学，你要是不答应收下，他们就不走。因为划片招生，我们不敢多收其他地区的学生，怕容纳不了。主要是他们生活在山区，生活比较贫穷，他们想通过读书来寻找其他出路。

图 4-6　布朗山的布朗族村落

图 4-7　布朗族小村寨

图 4-8　布朗山村民客厅内景

自古以来，西双版纳地区因地理因素所造成的相对封闭的环境，使得西双版纳傣民族的文化在本地区长期以来一直处于一种优势文化或地方主流文化的地位。因而，当地理因素造成的相对封闭状态被交通的发展、各种媒介的强势介入打破时，在经济上处于优势地位的傣民族很难从心理上接受另外一种文化。因此，虽然当前傣族的寺庙教育出现了各种世俗化的趋势，但仍然在傣族人的民族认同和社会化的过程中发挥着重要作用，使得许多傣族家长相对而言更愿意把自己的孩子送入寺庙，而对其在学校是否认真学习却持一种无所谓的态度。

第二节　相关政策向学校教育"一边倒"的倾向

笔者在西双版纳傣族地区考察期间发现，西双版纳相关部门针对傣族寺庙和学校制定各种相关政策时，无意中带有一定的倾向性，即寺庙教育与学校教育产生矛盾时，为解决这些问题而制定的各种政策有着无条件服从于学校教育"一边倒"的倾向。

如在前文曾论述到两者在生源和时间上的冲突时，当地各级政府部门所制定的解决冲突的政策规定都是以维护学校利益为前提的。例如，西双版纳州在《云南省西双版纳傣族自治州民族教育条例》中的第三十五条明确规定：

> 宗教不得干预学校教育和社会公共教育，不得妨碍义务教育的实施。适龄儿童和少年的家长或监护人，信仰上座部佛教的，必须遵守《中华人民共和国义务教育法》，按规定的入学年龄送子女或被监护人到校学习，接受义务教育。在初等义务教育阶段，不得入寺当和尚。在学校学习的和尚及佛爷，必须遵守学校纪律……在学校内，不得进行宗教活动……

这些都是对包括寺庙教育在内的各种与南传上座部佛教相关的人员所应遵守的义务作了明确的规定，而对其所应享有的权利只是在同一条规定中仅用9个字加以概括——"学校对他们（指在校学习的和尚及佛爷）不得歧视"。在2007年批准并公布实施的《云南省西双版纳傣族自治州自治条例》中，在

"自治州的社会事业"一章的 12 条规定中,有 1/3 篇幅在谈学校教育,而对傣族寺庙教育等其他教育类型却只字未提。许多村寨和学校为解决寺庙教育与学校教育间的问题而制定的各种规定也明显向学校教育倾斜,如《曼罗九义学校家长、佛爷、村领导联系制度》规定"每月召开一次佛爷会议,反馈和尚生在校学习、生活表现情况,同时了解和尚生在寺庙里的活动情况",带有佛爷要定期向学校汇报工作的意味。而与西双版纳南传上座部佛教直接相关的规章制度,也多是诸如《宗教社会团体登记管理实施办法》《宗教活动场所主要教职任职备案办法》《宗教活动场所设立审批和登记办法》《宗教教职人员备案办法》等国家统一制定的具有宏观指导意义的法律法规。

从这些规定可以看出,绝大多数规章制度都是为了确保和尚生能够接受学校教育,而寺庙教育对此只能采取妥协退让的方式;并且与寺庙教育相关的政策法规,对其又多是限制性的规定。其实,各级政府部门之所以对寺庙教育多采取宏观上的政策指导,并对其发展则主要持不闻不问、任其自生自灭的态度,除了重视不足之外,还有一个重要的原因,就是宗教问题的敏感性。因而,各级政府在制定相关政策时,他们更是把寺庙教育作为宗教活动的一部分来看,并把其与以传授科学知识为主的学校教育对立起来,而没有意识到寺庙教育对学校教育的重要补充作用,更没有把其与学校教育看作一个整体,进行统筹管理。这种把两者对立起来的认识必定会造成在制定政策时采取"一边倒"的措施,这不仅不会缓解两者的矛盾,相反还会强化两者间的矛盾冲突。

第三节　学校教育传承傣族文化功能的有限性

现代意义上的学校教育自其产生以来,在促进人与社会发展上所起到的作用是有目共睹的。它作为一种集中的、系统的、有专职教师、有计划、有目的、有组织的活动,在培养人和促进社会发展上所发挥的巨大作用是前所未有的,这也是它能够长期存在并越来越受到重视的主要原因。甚至出现了一提到教育,在人们的脑海里立刻就出现了教师、黑板、粉笔、教室的图像,即把教育窄化为学校教育的情况。如在当前许多冠以"教育学"研究的著述中,经常在"教育学"的标题之下，探讨的却是学校教育这一教育类型的相关理论。虽然学校教育与其他教育类型有着诸多方面的共性，但是也存在着许多差异性，是不能等同的。这些状况一方面反映了人们在认识上的一些误区，同时也反映了学校教育在人们心中的重要地位。

也正是由于学校教育在人们心中的重要地位，社会上一出现问题，人们就把产生问题的根源归结为学校教育的失误，并企图仅仅通过学校教育的改革来解决各种社会问题，似乎学校教育是万能的，无论什么问题都可以在学校教育中得到妥善解决，甚至进一步缩小，把目光投向课程，以在课程中加入相关内容作为主要的解决之道。学校教育不是过于重视间接经验，忽视直接经验吗？好，在学校中开设一些实践活动课不就解决了吗？学校教育不是过于注重主流文化，忽视非主流的地方性文化知识吗？好，在学校课程中开设一些地方课程、民族文化课程不也就解决了吗？这些解决问题的方法，看似有道理，实际上是一种简单地线性归因分析的结果，简单地说，就是"缺啥补啥"。殊不知，学校教育由于受时间、空间的限制，其自身存在着不可避免的局限性，这些局限性对其自身功能的发挥也产生了一定的规约。

在当前的基础教育改革中，那种认为只要开一些实践活动课，或者以直接经验的方式来获得体验和知识，就可以提高学生各方面素质的观点，其背后所隐含的理念就是"教育万能论"，并进一步窄化，把教育等同于了学校教育，认为学校教育是"万能"的，学校能够把学生什么都教会，学生的一切素质都是可以通过学校教育培养的。而没有意识到学校教育受时间、空间的限制，在学校中，无论组织得如何好，各环节配合得多么严密，也不可能在有限的时间、空间里独自承担起培养学生全面素质的重任。学生的全面素质不可能仅通过学校教育培养出来，更不可能仅通过在课程中加入相关内容就可以完成，学校并不能把学生什么都教会。基础教育学校不是"制造素质"的工厂，它也不可能承担起培养人的全部素质的任务。人的全面素质的养成要依靠学校教育与生产和生活实践的结合，这里的实践主要的不是那些脱离了真实生活的"实践活动课"，而应该是真正的生活中的实践。因为学校环境中的"实践活动课"的可控因素很多，养成的素质具有"试验产品"的性质，真实的社会生产和生活实践则存在着大量的不可控因素，由它培养的人的素质才能最好地适应它。在学校教育中，过分重视"实践活动课"在理念上的一大失误，就是貌似重视了实践，其实却丢弃了实践。很有凭空通过学校中的"对话""沟通""合作""参与""动起来""探究"等来制造"素质"的味道。学生在校时间有限，教育和教学应设法快速有效地促进学生发展，而不是耗时费力、旷日持久却收效甚微地模拟"实践"，意图取代社会生产和生活实践的教育价值。①而这种"真正的生活中的实践"映射到教育上，就是指存在于人们的日常生活中的家庭教育与社会教育。因此，我们不能把学校教育看作教育的唯一形态，更不能企图仅仅依靠学校教育来实现人的全面素质的养成与社会的全面发展。

在传承傣民族文化方面同样如此。学校教育介入后，西双版纳傣族寺庙教育的内容出现了窄化倾向，仅仅限于一些日常赕佛活动中需要念诵的经文。一方面这是由于寺庙教育自身日益世俗化的趋势所致；另一方面，是由于许多佛爷认为傣族文化传承的重任已经全权交由学校来负责了。而在事实上，通过对曼罗九义学校教学内容的考察发现，学校课程表上虽然标有傣文课，但是，由于整个学校只有一位懂傣文的教师，师资不足，而且学校也不重视，只不过是时断时续地上着；加上学校教授的是新傣文，与傣族人民的日常生活联系不大，学生学习的积极性不高，学完也就忘了，照样看不懂西双版纳地区发行的一些使用新傣文的报刊，就连云南德宏傣族景颇族自治州的傣文报纸也看不懂，更看不懂老傣文；更令人遗憾的是，傣族传统文化的载体——贝叶经都是用老傣文写成的，即使学会了新傣文，老傣文也是完全看不懂的。因而，可以说，傣族的传统文化实际上在学校里并没有像预期那样得到很好的传承，甚至连做出努力传承的样子都算不上。实际上，如此一来，傣族传统文化传承的重任被寺庙教育和学校教育同时抛弃了，被两者同时拒之于门外。也难怪许多当地文化自觉意识较强的傣族人对其民族文化的传承持有很大的忧虑。退一步而言，即使学校很好地开设了与傣族文化相关的课程内容，但是，受时间、空间的局限，学校教育不可能独自承担起传承傣族所有传统文化的重任，尤其是傣族的文化与南传上座部佛教有着不可分割的联系，学校教育与宗教的传播又是分离的，所以在傣族的传统文化中，许多内容是不适宜纳入学校教育范畴的。

此外，在民族教育研究中，一谈到民族地区的教育，人们首先就会把其同此地区的某一优势民族的教育等同起来，混淆了民族教育与民族地区的教育两

---

① 孙振东，陈荟：《关于基础教育改革几个观念问题的讨论》，《教育学报》2005年第2期，第41页。

个不同的概念。事实上，随着社会的发展和变迁，当前根本无法找到一个纯而又纯的民族或单一民族地区。人口的流动使得各民族地区都已经形成了多民族杂居的状态，只不过是存在着杂居程度高低和范围大小的区别。在西双版纳地区，如果按照在辖区内居住时间为 100 年左右、有比较集中的聚居地的民族来定义世居民族的话，其世居民族就有 13 个，还生活着哈尼族、拉祜族、布朗族、瑶族、基诺族等其他少数民族。因而，西双版纳傣族地区的学校并不是傣族一个民族的学校，学校中包含着生活在傣族地区的所有民族的学生。因而，如果想通过学校教育来传承当地所有民族的文化，仅仅只是在课程中加入西双版纳主体民族傣族文字的学习内容，对其他民族的学生而言，显然是有失公平的。但是，是否只要在学校课程中针对不同民族的学生单独开设相关的课程就可以了呢？这显然也是不切实际的。

其实，学校教育既然受时间、空间的限制，不能有效地担负起某一地区所有民族的文化传承任务，而现实中，许多民族又有自己独特的民族文化传承的方式，那么，为什么不能有效地结合这些不同的教育形式，发挥其在传承各自民族文化方面的作用，从而对学校教育的有限性起到有益的补充呢？当然，对学校教育有限性的认识，并不是对学校教育传承民族文化作用的否定，更不能从"学校教育万能论"走向"学校教育无用论"，从而从一个极端走向另一个极端，而是要正确认识学校教育的作用，认识到其有限性，认识到学校教育不是万能的，而是有其自身无法避免的局限性。只有如此，才能更好地、最大限度地发挥其作用，并配合其他教育类型和具体的教育方式，从而共同促进人与社会的全面发展。

第四节　学校教育脱离实际

通过前文对当前西双版纳傣族地区学校教育具体内容的分析可以看出，当前西双版纳的学校教育内容与当地人民的具体生活相脱离。如从所考察的曼罗九义学校九年级上学期所选用的《语文》教材及八年级上学期所选用的《历史》教材的具体内容都可以看出，其内容与西双版纳地区人们的生产生活相差甚远；《语文》教材中所选用的课文没有一篇文章是傣族文学的内容，甚至连一篇相关的都没有；《历史》教材更是依照以汉族为主体的中原文明的发展主线铺开的，并且教材内容的选择具有城市化的倾向，严重脱离西双版纳地区学生生活的实际。

再如，西双版纳学校教育中对傣文课的设置也是其不适应当地人民需要的具体表现。按照一般的逻辑，既然是傣族学生，傣语是其民族语言，那么他们应该对学习本民族的语言文字有较高的积极性，然而事实并非如此。这是因为学校教育所教授的傣文是新傣文，而新傣文在傣族人民的日常生活中实际上是根本用不到的，只是由于 20 世纪 50 年代全国性的文字改革期间，西双版纳地区设置了新傣文，当前政府部门的各种文件材料、出版物（图 4-9）和标识单位名称的匾额（图 4-10）使用的也是新傣文，所以就要求西双版纳的学校也要教授新傣文。而实际上如一些从事新傣文教学的老师所说"新傣文用处不大的，因为它的使用范围比较小，太小太小了"，并且"德宏也搞了新傣文，可是和我们这里的不一样，就是说，只要出了西双版纳地区，学校里教的新傣文就没有任何意义啦"，相反，"在傣族人生活中接触更多的是老傣文"。而且，掌握了老傣文也有利于和西双版纳相邻的泰国、缅甸人交流（因为泰国、缅甸也有许多傣族人，使用的也是老傣文）。因而，在学校教育中设置"新傣文"课程的做法不仅没有提高学生学习的积极性，相反还加重了他们的学习负担。这种为教而教、不考虑当地人民和社会发展需要的做法，必然会引起抵触情绪。正如岩龙老师所说：

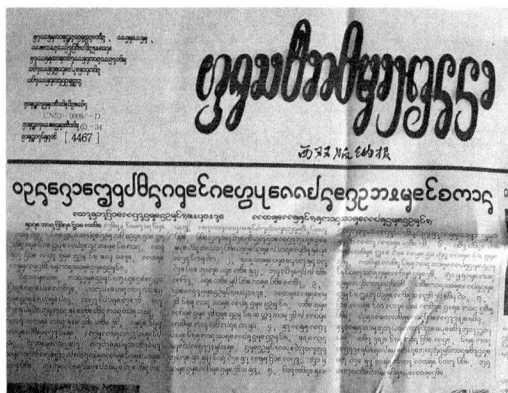

图 4-9　当地出版的《西双版纳报》

图 4-10　西双版纳基诺族聚居的基诺派出所

注：派出所门前的单位匾额上的单位名称用汉字和新傣文标注

　　现在学生学习新傣文的积极性不怎么高。因为很多是和尚生，他们还是想学老傣文。学了老傣文，回到佛寺里还可以念经，学新傣文回去又用不到。学生毕业后也不会写新傣文，生活中基本上用不到。新傣文只是在学校里教，然后外面的广告牌和政府的报纸、文件上有。新傣文使用范围太小，而且读物不多，只有西双版纳的报纸用的是新傣文，这方面的材料真的是太少太少了。说实话，新傣文用处不大，因为它的使用范围比较小，太小太小了。所以说，一般呢，学生学习新傣文的兴趣不怎么高，又没有什么历史意义，所以学它的意义也不大。而且，学了新傣文，如果去看德宏地区的报纸，他们也是看不懂的。德宏也搞了新傣文，可是和我们这里的不一样，就是说，只要出了西双版纳地区，新傣文就没有任何意义啦。在我们傣族人生活中接触更多的是老傣文，比如你要去赕佛什么的，记录你家人的名字什么的都要用老傣文记。还有捐钱修建佛寺的人的名字也都是用老傣文记的。傣族的文字典籍都是用老傣文写成的，如果不进入寺庙学习老傣文，根本就没有办法了解这些典籍了。现在我们西双版纳流行的傣语歌曲使用的就是老傣文，泰国、缅甸那边的傣族都可以听得懂、看得懂。

　　由此可见，在学校教育中设置"新傣文"课程的做法与当地人民的具体生活相脱离，不符合当地人和社会发展的需要，不仅没有提高学生学习的积极

性，相反还加重了学习负担，同时，也进一步印证了"读书无用"的观点。据一些报道称，1986年5月，西双版纳傣族自治州第六届人民代表大会曾经通过关于使用老傣文的决议，决定恢复使用老傣文，并于1992年4月开始出版了老傣文的《西双版纳报》。然而，由于当时受技术条件限制，老傣文不如新傣文便于印刷，这一决议遭到印刷界的强烈反对。1997年后，各类报刊又恢复使用了新傣文。直到现在，西双版纳关于新旧傣文的争论仍然十分激烈。[①]

虽然说学校教育的内容与当地生活相脱离不必然造成学生对学校教育的抵触，因为通过学校教育了解其他地区的生产生活状况未必不能引起学生的兴趣，但是，这一定会致使学校教育成为其生活中可有可无的一部分。学校教育之所以在我国东部经济发达地区受到重视，这也是由当地的生产生活需要所决定的。由于我国许多经济发达地区处于人多地少的状况之中，在这些地区，人们如果不进入学校接受学校教育就无法找到相对满意的工作，更无法仅仅依靠稀少的土地来满足一家人生存、生活的需要。而西双版纳傣族地区则恰恰相反，总体而言，西双版纳傣族地区的生产生活方式是以农耕为主，人少地多，土地肥沃，自然条件十分适合各种作物的生长，使得该地区的傣族人即使没有太多的现代科学文化知识，仅仅依靠祖祖辈辈传承下来的原始的农耕方式也足以轻松地生存下来，加上学校里学到的知识在现实生活中的作用不能取得立竿见影的效果，这就使得他们对学校教育所传授的科学文化基础知识的需求相对而言并不是十分迫切。而且学习本身也是一件很辛苦的事情，加上村寨中有人读了大学，毕业后仍然找不到工作的反面事例，更促使他们产生了"读书无用"的思想。

对此，当地教育部门也采取了一定措施，如把愿意升学和不愿意升学的学生分成A、B班，分别进行教学，在不参加中考的B班中加入一些与当地生产生活相联系的各种养殖、种植技术相关的课程内容，似乎解决了这一问题。但是，实际上，学校教育的评价仍然是以升学率的高低作为一所学校教育效果好坏的评价标准；并且学校采取这一措施的直接目的是为了能"留住学生""控辍保学"，而不是真正从满足当地人民生产生活的需要出发；加上相

---

① 参见佚名：《少数民族语言文字规范标准和信息处理现状》，http://www.moe.edu.cn/edoas/website18/13/info5313.htm，2006-02-05；佚名：《傣族的文字》，http://www.12bn.net/12bn/zjdl/dlgk/19585611.shtml，2007-05-15。

关师资的匮乏，使得这一措施的实施流于表面，甚至把 B 班当作"差生班"来处理。

然而，西双版纳傣族寺庙教育的状况却恰恰相反。虽然傣族的寺庙教育也存在诸多问题，但是，在自愿的前提下，仍然会有一定数量的傣族男童愿意入寺当和尚，恰恰是由于其满足了傣族男童傣民族身份认同的需要，傣族男童也可以以此获得相应的社会地位；同时，傣族的文字典籍都是用老傣文写成的，如果不进入寺庙学习老傣文，根本就没有办法了解这些典籍，而学校里不教授老傣文，要想了解傣族的各种传统文化典籍就必须到寺庙里去学习老傣文，并且，在日常生活中老傣文的使用范围更广；另外，寺庙教育中学习到的各种礼仪规范与傣族人民的日常生活有着密切的联系，这些就使得寺庙教育与学校教育相比，更能满足傣族人民现实生活的需要。但是，在现实中，按照国家相关法律政策，傣族学生又必须去学校学习那些对他们而言可有可无的"知识"，完成规定的学业，如此一来，两者的冲突就不可避免了。

第五节　寺庙教育的世俗化和管理上的松散状态

相对于学校教育而言，虽然寺庙教育更能满足傣族人民日常生活的需要，但是，随着社会的发展，文化的变迁，特别是现代学校教育的介入和发展，西双版纳傣族人民对其所信仰的南传上座部佛教有了更为理性的认识，同时，也促使南传上座部佛教逐渐褪去了神圣的外衣，朝着世俗化的方向发展：和尚、佛爷的生活越来越世俗化，在傣族群众眼里，小和尚们更像是一个个孩子，而并非是神圣的佛祖的子弟；许多以前认为应该严格遵守的戒律戒规被逐渐淡化，甚至被打破；寺庙教育传播宗教的功能弱化，傣族人民表达其信仰的赕佛仪式也越来越多地加入世俗化的成分，更像是一种民间的娱乐活动，宗教的成分越来越少。南传上座部佛教自身的世俗化倾向使得人们对建立在它神圣性基础上的崇拜逐渐消解。

笔者在考察期间，有一次去曼罗村的佛寺，都三佛爷不在佛寺里。一位小和尚告诉我，他去一户村民家里诵经去了。都三佛爷回来后告诉我，有一户村民家中有人感到不舒服，好像生病了，邀请他去这位村民家念经。我问他："他们生病不去医院的吗？"都三佛爷回答说："他们有时也要去的，一些小病就不去了，找我们这些佛爷去念念经就行啦。如果大病就要去医院看啦，不过同时也会请我们去念经的。"由此可见，人们对佛祖的信仰并不是像以前那么坚定了，不再把佛祖当作无所不能的神。在生病的时候最终信任的还是现代医学手段，而生病期间请佛爷来家里诵经似乎成了一种形式，或者说是一种习惯，只是为了得到心理上的慰藉。

寺庙世俗化的倾向致使部分傣族人民的信仰出现了动摇，加上"升和尚"的费用对西双版纳一些相对不太富裕的傣族家庭来说仍然是一笔比较大的开支，因而，有的家庭为了节省开支，也不是十分乐意让自己的孩子去庙里当和尚。笔者在考察期间遇到一对傣族夫妻，在国道214公路旁开了一家小吃店（图4-11），他们有两个儿子。当说起傣族没有重男轻女的观念时，这位妻子很赞同，说："我们傣族有句俗语叫'生儿是名，生女是福'，儿子都是赔钱货。"我听后很吃惊，问她为什么这么说。她又说道：

> 生儿子，到了一定年龄就要举行"升和尚"仪式，才能到寺庙里当和尚。举行"升和尚"仪式时，要请全寨子的人吃饭，当然，村寨里的人也要给点礼钱的，给多给少是随自己的心意的，其实都很少的，一般也就五块、几块的，很少的。我们家大儿子"升和尚"就花了两三万。他的姑姑们也把他接到他们村寨里，也要请他们自己村寨

图4-11　国道旁的小吃店

里的所有人吃饭，要不然会被别人瞧不起，最少也要花去他们一两万块钱。结果，当了三个多月的和尚就还俗了。做了三个月的和尚就花了三四万，还是太多了，所以，二儿子就没有让去。孩子去了也只会学偷懒。

由此可见，寺庙管理的松散，对孩子当和尚容易"只会学偷懒"的担忧，也是许多傣族人家不让自家的孩子当和尚的一个重要原因。笔者在考察期间曾去过景洪市嘎洒镇的曼么协村的佛寺，发现寺里除了一个60多岁的老佛爷之外，没有小和尚，我问佛爷小和尚怎么没有来，佛爷说因为都上学去了（当时实际正在放暑假）。由于这位佛爷的汉语说得不是很好，我也不懂傣语，当时也没有弄明白是怎么回事。后来，从佛寺出来后，到了玉丙家，问了原因。玉丙告诉我：

> 村里的男孩当和尚后处于"三不管"的状态：学校以为他们在庙里，庙里以为他们在学校，家长以为他们不在庙里就在学校。然后，小和尚就学懒散了，有的还学会了偷东西，偷寺里的钱到外面去买吃的、玩游戏什么的。后来，村子里许多人家就不再送自己的孩子当和尚了。

西双版纳的许多地区都规定，傣族男童只有到了初中一年级下学期才被允许进入寺庙当和尚。而在这之前，他们已经在学校里接受了近七年的学校教育，而学校教育的许多内容是与南传上座部佛教的具体内容相冲突的，长期的学校教育使得他们已经不太相信佛教中的一些具体内容，进而也不愿意当和尚了。加上寺庙教育逐渐世俗化、管理松散，即使不进入寺庙当和尚也不会像以前那样得不到社会的认可、娶不到老婆，许多傣族男童更不愿进入寺庙当和尚了。但在现实中，许多佛爷并没有意识到寺庙教育的世俗化和管理上的松散使许多傣族男童不再遵循传统到寺庙里接受寺庙教育了，而是把造成这一结果的原因统统归罪于学校教育对其生源的抢夺。与此同时，寺庙教育管理的松散状态使得许多已经入寺当和尚的"和尚生"出现了惰性心理，面对寺庙里的自由散漫和学校规章制度的严格，许多"和尚生"更愿意待在寺庙里，而不愿意受学校规章制度的制约。当寺庙管理的松散导致许多小和尚养成的诸多不良嗜好在学校中有所体现时，学校自然会把批判的矛头指向寺庙教育，从而加深了双方的矛盾冲突。

另外，由于西双版纳地区的傣族人民全民信仰南传上座部佛教，所以，南传上座部佛教的许多教义对西双版纳傣族学生的人生观产生了深刻的影响。南传上座部佛教的教义教规中也包含着积极的因素，如要求人们尊敬长辈、孝敬父母、多做善事、不偷盗等，这些都为西双版纳傣族社会的祥和稳定发挥了一定的作用。但是，南传上座部佛教中也包含着某些消极的因素，如宣传人生是苦海的思想，而产生一切邪恶、苦恼、苦难的原因是人的欲望，只有"灭欲"才是摆脱人生苦恼的根本方法。这就使得西双版纳的傣族人形成了一种安于现状的人生态度，这与学校所提倡的积极进取的人生态度和刻苦学习的精神显然是相违背的。因而，寺庙教育和学校教育中所提倡的两种截然对立的人生观也是两者矛盾冲突的一个重要原因。

通过对西双版纳傣族寺庙教育与学校教育矛盾冲突的原因分析发现，两者之所以会形成对立冲突的状态，有的是由于政策的失衡，有的是受学校教育和寺庙教育各自内部因素的影响，有的则是由于学校教育和寺庙教育自身的先天缺陷所致，这些因素共同作用于西双版纳傣族寺庙教育与学校教育，激化了两者间的矛盾和冲突。对此西双版纳地区的学校教育与寺庙教育及其相关管理部门也制定了一些有针对性的解决措施，但是，仍然收效不大。之所以会出现这种状况，主要是因为在制定各种具体措施试图解决两者间的矛盾时，其背后的假设是西双版纳傣族寺庙教育与学校教育两者间的关系是宗教与科学的关系。宗教与科学是对立的，因此，两种教育之间的关系必定也是对立的，而且两者间的冲突具有不可调和性，因此，相关管理部门在制定具体措施时，必然会采取"一边倒"的方式来解决问题，而没有意识到寺庙教育也是教育的具体形态之一，它具有文化传承功能，与学校教育间的对立冲突并不是必然的，恰恰相反，两者自身无法克服的许多局限性是可以通过双方的优势互补加以解决的。

第五章

西双版纳傣族寺庙教育与学校教育
对立冲突的应对策略

　　傣族寺庙教育日益朝着世俗化的方向发展，使得许多傣族男童不再入寺当和尚接受寺庙教育。有学者据此认为，随着傣族人民生产生活方式的转变，寺庙教育失去了存在的基础，它就应该而且必然走向消亡，这种观点是值得商榷的。事实上，随着社会的发展、生产方式的转变，人们对佛教的认识更趋于理性化，文化的变迁也不可避免，但是，文化虽然要受到生产生活方式的制约，却同时还具有相对独立性。一种文化在其产生之初，对于地理地貌、气候环境和生产生活方式的依赖程度很强，甚至文化的具体内容都直接反映着自然环境和生产生活方式，但是某种文化一旦产生，就具有相对独立性。这就是德国学者卡西尔在其著作《人论》中贯穿始终的一个观点：人创造了符号，符号反过来又创造了人。①文化的相对独立性使得文化可以脱离其所赖以产生的地理环境和生产生活方式而实现文化的交流、融合与变迁，因而，文化的变迁与社会发展之间的关系并非如影随形、亦步亦趋。同一种文化群体的人在不同的地域、以不同的生产生活方式生存，往往仍然带有同一文化群体的共同特征；而生活在同一地域、以同样的生产生活方式生存的不同文化群体却具有巨大文化差异。其原因正在于文化的相对独立性。况且，傣族寺庙教育所赖以存在的农

---

①〔德〕恩斯特·卡西尔：《人论》，甘阳译，上海：上海译文出版社 1985 年 12 月。

耕文明只是受到了城市化生产生活方式的冲击，并非不存在了。在西双版纳傣族地区，广大傣族人民仍然主要依赖以农耕为基础的生产生活方式而生存。南传上座部佛教还作为强大的精神力量控制并影响着傣族人民的生产和生活，寺庙教育不会因为其生产生活方式所受到的冲击和发生的转变而消亡。

实际上，从另一个角度看，寺庙教育的这种世俗化倾向，也是在当前社会状况下南传上座部佛教自觉调适的一种无奈之举。这种状况的存在并不能否定南传上座部佛教仍然与广大傣族人民生活的方方面面有着密切的联系，是傣族人民日常生活不可或缺的一个重要组成部分。其实，只要充分意识到了文化的相对独立性，就可以理解：即使在西双版纳傣族社会处于转型期的当前，传统的农耕生产生活方式正受到城市化的冲击，社会的各方面都发生着巨大的变化，寺庙教育仍然有其存在的必然性和必要性。

现代学校教育对促进人的发展和社会进步的重大作用是众所周知的，这种重大作用同样可以体现在西双版纳傣族地区。现代学校教育与民族传统教育本质上并不必然对立，关键在于如何妥善处理二者之间的关系。既然西双版纳傣族寺庙教育与学校教育都有其存在的必要性和必然性，就应该针对两者间存在的问题，努力通过政策的调整、理论的完善及学校教育与寺庙教育各自内部的改革，实现二者的共存互补。鉴于此，在民族地区多种教育形态共生理念的指导下，坚持相互尊重、相互适应、相互补充、相互促进的原则，有助于解决西双版纳傣族寺庙教育与学校教育之间的对立冲突，从而实现两者的和而不同、共存共生。

第一节　民族地区多种教育形态共生理论[①]

民族地区多种教育形态共生理论的核心概念"共生"一词，从被提出之日起便历经多个学科间的转换和发展，才最终形成了当前人文社会科学研究领域的一个基本概念，并最终与民族教育相关联。

---

① 该部分内容经整理后发表，具体参见陈荟：《民族地区多种教育形态共生理论研究》，《民族教育研究》2015 年第 4 期，第 5 页。

一、"共生"概念的发展历程

"共生"概念首先出现于生物学领域，最早是由德国医生，著名的真菌学奠基人、植物病理学家安东·豆·培里（Heinrich Anton de Bary，1831—1888）于 1879 年提出的，他认为共生是不同生物密切生活在一起（live together）。[①]1969 年，美国斯沃斯莫尔学院的生物学家斯科特·吉尔伯特又明确提出，共生是两个或多个生物在生理上相互依存程度达到平衡的状态[②]。1970 年，美国生物学家马格里斯（Margulis，1938—2011）提出"细胞共生学"，共生学说由此盛极一时。后来，马格里斯又在 1981 年从生态学角度指出，共生是不同生物种类成员在不同生活周期中重要组成部分的联合。[③]"共生"概念诞生后迅速被借用到人文社会科学研究领域，并由不同领域的学者从不同角度对其做了进一步阐发。美国芝加哥经验社会学派借用生态学创立了人文区位学，在其理论中，共生是一个核心概念，主要指社区内形式不同或性质不同的人口单位之间的相互依存关系。每个单位的生存都离不开其他单位的持续存在，同时每个单位的存在也是其他单位生存的条件。费孝通先生在《生育制度》的"共生与契洽"一节中也借用了"共生"的概念："吉丁斯（Giddings）认为社会的基础是同类意识。所谓同类意识，也就是指有相同人格承认。同类是推己及人的结果。帕克更明白地说明在人类中可以有两种人和人的关系：一种是把人看成自己的工具；一种是把人看成也同样具有意识和人格的对手。前者关系他称作 Symbiosis（共生），后者关系他称作 Consensus（契洽）。Symbiosis 是生物界普遍的共生现象……在人类里我们看到了另一种关系。他们愿意牺牲一些自己的利益来成全别人的意志。成全别人和利用别人，正是一个对照。同心同德，大家为了一个公共的企图而分工努力，就是帕克所谓的 Consensus。在这种契洽关系中，才发生道德，而不单是利害了；在这里才有忠恕之道，才有社会，才有团体。"[④]

---

① 洪黎民：《共生概念发展的历史、现状及展望》，《中国微生态学杂志》1996 年第 4 期，第 50 页。
② Scott G D.Plant symbiosis in attitude of biology.Studies in Biology. London：Edward Arnold，1969：58.
③ 胡守钧：《社会共生论》，上海：复旦大学出版社 2007 年 9 月，序言。
④ 费孝通：《生育制度》，北京：商务印书馆 2004 年 7 月，第 156 页。

而在民族教育研究领域，最早提出"民族共生教育理论"的则是日本的民族教育学家小泽有作。小泽有作在对"被差别的少数人"的认识基础上，先提出了"共生"理论，后又提出了"民族共生"理论，继而又在此基础上提出了民族共生教育理论，认为"共生"应该包含三个方面的内容，即自然与人的共生、人与人的共生、民族与民族的共生，由此才能构成完善的"共生社会"，并实现"共生教育"。小泽有作的民族共生教育理论早在1967年7月日本明治图书出版株式会社出版的《民族教育论》一书中就已明确提出。①日本学者尾关周二则认为共生包括生物界的共生、人类世界的共生（个人与个人、集团与集团、民族与民族的关系等）、人类与自然的共生三个方面的内容。②在国内民族教育研究领域，许多学者从民族文化③④、民族关系⑤⑥、民族教育内容⑦、民族教育研究方法论⑧⑨等方面，阐述了共生教育在民族教育理论与实践中的重要作用。其实，费孝通先生于1988年8月在香港中文大学发表学术演讲时首次提出的"中华民族多元一体格局"也正是这种"共生"理念的具体体现。

二、民族地区多种教育形态共生理论的内涵

在生物学领域，共生的方式可以分为寄生方式、偏利共生方式和互惠共生方式：寄生是共生的一种特殊形态，其特点在于共生单元之间一般不产生新能量，能量由寄主向寄生者单向流动；偏利共生是寄生关系向互惠共生关系转化的中间类型，其特点在于共生单元之间尽管产生新能量，但能量只向某一方流动，总的来说是对一方无害而对另一方有利。互惠共生的特点在于共生单元之

---

① 耿金声，崔斌子：《日本民族教育学家小泽有作的教育思想》，《中国民族教育》1996年第5期，第42页。

② 〔日〕尾关周二：《共生的理念与现代》，《哲学动态》2003年第6期，第32页。

③ 孙杰远：《文化共生视域下民族教育发展走向》，《教育研究》2011年第12期，第64页。

④ 孙杰远：《走向共生的民族文化发展与教育选择》2012年第9期，第99页。

⑤ 袁年兴，许宪隆：《民族共生理论：散杂居民族关系及目标范示研究》，《青海民族研究》2009年第1期，第119页。

⑥ 袁年兴：《共生理论：民族关系研究的新视角》，《理论与现代化》2009年第3期，第14页。

⑦ 孙杰远：《论自然与人文共生教育》，《教育研究》2010年第12期，第51页。

⑧ 吴晓蓉：《共生理论观照下的教育范式》，《教育研究》2011年第1期，第50页。

⑨ 袁年兴：《民族共生理论（方法论）的构建——基于社会生物学的学术共鸣》，《东疆学刊》2009年第4期，第56页。

间产生新能量，且新能量在共生单元之间分配，存在双方的利益交流机制。①
由此可见，共生的方式是多样的，但是，无论哪种方式，除了认为共生是一种
状态外，更强调它是一种相互影响、相互作用的关系，也就是说共生是一种动
态的关联。

　　然而，在实际的民族教育理论和实践研究中，许多研究者很容易将共生
与共存混淆，认为只要存在两个以上的事物就可以使用共生的概念和相关理
论，而没有意识到"共存"概念强调的只是一种空间上的状态：只要事物内
部诸要素或一事物与另一事物处于同一时空中，相互之间可能没有任何联
系，也没有任何影响，就可以称为共存。也就是说，共存概念不强调事物间
动态的联系和影响，只是对其空间存在状态的描述。而共生则强调处于同一
时空中的不同事物间的相互影响和相互作用，是一种动态的关联状态，而非
静态的存在。因此，共存是共生的基础或前提，只有两个不同的事物处于同
一时空中才会产生相互依存、彼此协调、共同发展的关系，但是共生绝不等
同于共存。

　　具体到民族地区多种教育形态共生理论，其"共生"主要指的是事物内部
诸要素之间以及事物与事物之间形成的一种最佳结构关系和存在状态。这种存
在状态是一种正向的状态，不以对立冲突为目标，虽然不能避免双方对立和冲
突存在的可能，但是，是以解决对立冲突为其最终目标；这种结构关系和存在
状态不是以一种互不干扰、各自独立的简单平衡为目标，它允许事物各要素或
事物的独立性、个性的存在，以事物要素及事物之间的相互独立、差异为基
础，遵照一定的共建原则，实现事物诸要素或事物与事物之间动态的相互依
存、共同发展。因此，民族地区多种教育形态的共生是指民族地区所具有的多
种教育形态在保持各自独立性的基础上，遵循相互尊重、相互适应、相互补
充、相互促进的原则，形成各自间的相互依存，并在互惠互利的基础上最终实
现共同发展。而具体到西双版纳傣族地区的教育，则主要指的是傣族寺庙教育
与学校教育的共生。

---

① 曲亮，郝云宏：《基于共生理论的城乡统筹机理研究》，《农业现代化研究》2004 年第 5 期，第 373
页。

第二节 民族地区多种教育形态共生的
基本原则[①]

"原则不是研究的出发点，而是它的最终结果；这些原则不是被应用于自然界和人类历史，而是从它们中抽象出来的；不是自然界和人类去适应原则，而是原则只有在符合自然界和历史的情况下才是正确的。"[②]民族地区多种教育形态共生的原则也不是凭空想象出来的应然期望，而是在对我国多个民族地区现存教育形态的实地考察和深入分析的基础上抽象出来的。这个原则的框架体系是：首先，共生必须建立在相互尊重的基础之上，这是共生的前提；其次，共生必须是一种双方相互适应的关系，而不是仅某一方适应另一方的单方面的适应，这是共生的保障；再次，双方在适应的基础上还要充分利用对方的优势来弥补自身的缺陷，这是共生的基本方式；最后，两者的共生最终要达到相互促进的效果，这是共生的最终目标。

一、民族地区多种教育形态共生的相互尊重原则

民族地区多种教育形态共生的相互尊重原则是指共生的双方在相互理解对方与自己有同样存在的必然性和必要性基础上，充分认识两者间差异的合理性，尊重对方的价值选择、组织制度、教育内容和方式方法，避免相互对抗、排挤，并以平等的地位协商调解相互之间的问题和矛盾。相互尊重原则是实现民族地区多种教育形态共生的前提。

所谓共生，指的必然是两个或两个以上的要素或事物间的关系，并且这些要素或事物间要有一定的差异，否则，就不能满足两个或两个以上的数量，也就不能形成共生关系，而是同一关系。民族地区的传统教育形态之间，以及它

---

① 该部分内容经整理后发表，具体参见陈荟：《民族地区多种教育形态共生理论研究》，《民族教育研究》2015年第4期，第5-10页。

② 恩格斯：《反杜林论》，出自《马克思恩格斯选集（第3卷）》，北京：人民出版社1995年6月，第374页。

们与现代学校教育之间，在教学环境、师资、管理制度、教学内容、教学方法等方面存在着诸多差异。这些差异各有其存在的合理性，是由其各自的价值观念、教育任务、文化传统、办学条件等不同而决定的。理论上，这些差异不必然导致两者间的对立冲突，两者并无直接联系。但是，在现实中，这些方面的差异却会引起不同教育形态间的冲突，西双版纳傣族寺庙教育与学校教育间的冲突就是这一问题的集中体现。傣族全民信仰南传上座部佛教，南传上座部佛教既是傣族民族传统文化的核心，也是傣族人民的重要生活方式；寺庙既是傣族民族文化生活的重要场所，也是傣族进行传统教育的主要机构和场所。尽管南传上座部佛教在本质上与科学、现代化及国家主导意识形态在价值取向上不同，但是它并不反科学、反现代化、反国家意识形态，因此，以传播科学技术、现代文化、国家意识形态为主要内容的学校教育就应当尊重傣族人民的宗教信仰、宗教活动及其机构和设施。尊重傣族人民的宗教信仰及其机构设施，也就是尊重傣族人民的传统文化，尊重傣族人民的生活方式。更何况，由于西双版纳傣族地区学校教育在许多方面还不完善，自身由于受时空的限制具有不可避免的局限性，以及受宗教与教育分离原则的规约，学校教育无法仅仅通过自身完成传承傣族民族文化的任务，而寺庙教育在提高傣族人民素质、传播传统文化、促进社会稳定等方面仍发挥着重要作用，学校教育理应尊重寺庙教育的存在。反过来，寺庙教育由于其宗教性质、教育制度和教育内容的保守性、教育条件的简陋，无法适应傣族人民生产和生活的现代化发展，不可能取代现代学校的地位，因而，它不但要依法支持学校教育的存在和发展，而且要清楚地意识到学校教育的存在和改善反过来有利于自己的存在和发展。也只有具备了这样的认识，才能相互尊重对方的存在，也才能消解相互间的对立和冲突。

当然，在民族地区具体贯彻多种教育形态共生的相互尊重原则时，必须注意做到以下几点：

首先，对民族地区的多种教育形态要平等对待，这是实现相互尊重的基础和前提。民族地区的各种教育形态间只有真正实现地位上的平等，才能够以一种平和的、无偏见的客观态度来审视双方的优劣，才能充分认识自己，了解他者，知己知彼，并在此基础上取对方之长补己之短。否则，就会从心理上有一种自我优越感，从而对对方持排斥心理，甚至持完全否定的态度，从而致使双

方对立和冲突的发生。

其次，要克服学校教育对待宗教信仰的科学主义态度，这是目前实现民族地区多种教育形态间平等对待和相互尊重的关键。我国几乎每个少数民族都有自己的宗教信仰，并且许多都是全民族信仰某种宗教。然而，目前，由于受科学主义一元价值观影响，民族地区的部分干部和教师借助于"官办"地位和主导意识形态优势，不能平等地对待民族地区传统的与宗教相关的教育形态，甚至认为它们是封建迷信活动。

最后，要通过各种途径提高民族地区少数民族群众的文化自觉，既不要被"现代化"冲击掉优秀的民族传统，也不要保守或存有盲目的优越感，拒斥现代化和现代学校教育。西双版纳傣族人民优越的生存条件，使得其在长期的历史中，与世居于此的其他少数民族相比有着经济上的绝对优势和文化上的优越感。因而，当代表主流文化的现代学校教育介入西双版纳地区后，傣族人民仍然从心理上对其持排斥态度。这种排斥态度的产生既有当地学校教育自身缺陷的原因，也有傣族对自己的文化持一种盲目优越感的原因。如此一来，两者的对立冲突当然不可避免了。所以，只有放下成见，从优越感和强势地位上走下来，尊重对方的差异，以平等的姿态来审视双方，才能为民族地区多种教育形态间的共生提供可能性。

二、民族地区多种教育形态共生的相互适应原则

民族地区多种教育形态共生的相互适应原则是指多种教育形态之间，在相互联系、相互作用过程中，面临矛盾冲突时，应该通过各方自身内部结构的能动调整，力求达到一种动态的共生状态。这是实现民族地区多种教育形态共生的保障。

"适应"一词最初是借用达尔文以来备受重视的生物学上的适应（adaptation）概念，泛指有机体对环境的顺应，是个体根据环境条件的变化改变自身，达到与环境保持平衡的过程。皮亚杰把其引入心理学，用来指主体对环境的作用与环境对主体的作用间的均衡。[①]这一概念经严复的《天演论》传入我国。但

---

① 顾明远：《教育大辞典（增订合编本）》，上海：上海教育出版社 1998 年 8 月，第 1434 页。

是，潘光旦先生认为把其译为"适应"，只强调了对环境、对改变自己方面的要求，没有体现人同时也在改变环境，生物也在改变环境，实际上两者都产生了相应的变化，因而，"适应"一词的翻译是不准确的。于是，潘光旦先生提出从山东孔庙大成殿上的"中""和""位""育"中取"位""育"二字来代替"adaptation"的翻译——"适应"。①对于潘光旦先生提出的"位育"概念，费孝通先生作了阐释：位即秩序，育即进步，位者，安其所也，育者，遂其生也。②如此一来，该解释既强调了周围的环境对生命体的规定，也强调了主体既调整自己也改变环境以适应自己的进步。虽然"适应"一词的字面意思会使人对其内涵造成一定的片面理解，但是，毕竟"适应"一词已经成了一个得到大家认可、达成共识的概念，为了平衡这种矛盾，本书仍使用"适应"一词，但其内涵有所变化。英国历史学家汤因比在对全世界出现过的各种文明进行比较分析后认为："在文明的一般接触中，只要被侵入的一方没有阻止住辐射进的对手文化中的哪怕仅仅是一个初步的因素在自己的社会体中获得据点，它的唯一的生存就是来一个心理革命。"③根据汤因比的观点，各种文化无论其制度采用何种形式，都是无法阻挡外来文化的渗入的，只要外来文化中有一些因素，哪怕只是看来微不足道的"初步的因素"被引入本土文化，就意味着本土文化必须发生一定程度的变革来适应文化融合的需求。当然，这种适应是相互的，因为适应的双方是有差异的，并且这些差异的存在有其必然性和合理性，是无法消除也不应该消除的，两者间的共生，恰恰是双方差异性的共生。相互适应不仅是相互尊重的具体体现，而且只有相互适应，才能更好地实现两者的优势互补，从而促进双方的共同发展。因而说，相互适应是最终实现共生的保障。

鉴于此，在具体实施民族地区多种教育形态相互适应性原则时，要注意做到以下几点：

首先，进一步认识民族地区多种教育形态同存并立的必然性和必要性，打消一方排挤掉另一方的观念。无论是哪种教育形态，它们的存在及差异性特征

---

① 张诗亚：《强化民族认同——数码时代的文化选择》，北京：现代教育出版社 2005 年 6 月，第 30-31 页。

② 费孝通：《三两跳中的文化思考》，《读书》2001 年第 4 期，第 8 页。

③ 〔英〕汤因比：《历史研究》，曹未风译，上海：上海人民出版社 1966 年 6 月，第 275 页。

的产生，背后都有着自身的一套逻辑，只有了解了其存在的逻辑，并能动地适应它，才能使双方更好地磨合，最大限度地发挥双方的优势，从而实现相互间的互惠共生。

其次，学校教育要正确处理国家统一要求与因地制宜的关系，要立足于民族地区的经济、社会、文化的实际，深化内部改革。在民族地区，许多少数民族的学生在入学前就已经通过家庭教育和社会教育学到了许多本民族的传统文化知识，这些文化知识具有该民族的地域性和民族性特征。但是，少数民族学生进入学校，接受现代学校教育后，学习到的却是与其入学前学到的完全不同的、无任何关联的知识，这就容易造成学生学校生活的困难和学业上的失败。也就是说，学生早期的地方性文化知识的习得与学校教育所传承的文化的异质性和不连续性，造成了学生对学校生活方式的不适应和学业成绩的不理想。另外，许多少数民族都有诸多与本民族信仰相关的禁忌，这些禁忌是在长期的历史过程中形成的，因此，学校教师在对其进行教育的过程中，无论出于什么目的，都应该适应少数民族的习俗。例如，傣族的和尚一直处于受人尊重的地位，并且形成了一系列与之相关的禁忌。当和尚进入学校后，虽然其身份也和其他的傣族儿童一样变成了学生身份，但是，毕竟他在傣族人民心目中处于令人尊重的地位，因此，学校的教师在对其进行教育的过程中应当适应傣族的相关习俗，避免触及这些禁忌，而不是仅仅把他们看作是一般的学生。同时，学校的各种规章制度的制定和教学内容的设置也要充分考虑少数民族人民的各种习俗和生产生活需要。

最后，要改善民族地区传统的教育形态，就必须积极主动地了解学校教育情况，通过各种途径与学校沟通，认识现代学校教育的重要价值，并依据法律法规，尽可能地相互配合，因为相互适应是双向的，不仅学校教育要适应民族地区传统的教育形态，而且后者也要主动适应前者。只有如此，才能最终达到一种动态的互惠共生。

三、民族地区多种教育形态共生的相互补充原则

民族地区多种教育形态共生的相互补充原则是指双方在地位平等，尊重对方的差异，充分认识自己和对方优势和局限性的基础上，从"各美其美"到

"美人之美",有意识地取长补短,最终达到"美美与共",实现两者优势互补的良好共生状态。同一事物的不同要素和不同的事物之间之所以具有实现共生的可能性,必定是双方的差异使双方具有了自身的优势。但是,共生对各方差异的尊重绝对不是指一种互不干扰、各自独立的简单平衡状态。正如日本学者石川统所说:"没有交互斗争,只尊重对方的立场,从这种关系中是不会产生出共生的。正因为有相互对立,才能有互补性。也就是说,共生的概念本来就包括相互斗争、相互干涉、相互矛盾。"①因此,相互间的优势互补是实现民族地区多种教育形态共生的基本方式。

民族传统教育形态与学校教育各有自己的宗旨、组织原则、活动内容和方式方法,很多方面存在着差异,尤其是我国的许多少数民族全民信仰某种宗教,相关方面的差异就更为显著。以西双版纳傣族寺庙教育与学校教育为例:在教育宗旨方面,两者都是要培养"人",然而,由于价值观的不同,寺庙与现代学校所提倡的人生观有极大差异——一个主张安于现状、不求进取的人生态度,一个提倡积极进取、刻苦学习的精神,由此就导致了教育目的上的明显不同;在组织原则或者教育制度方面,寺庙教育具有宗教性并排斥女童,而现代学校教育禁止宗教宣传、提倡男女平等同校,这是两者最为对立的方面;在教育内容方面,寺庙教育重在传播宗教教义、宗教生活的行为规范、单一民族的传统文化,而学校教育重在传播科学技术、国家意识形态和具有普适性的文化;在教育方式方法方面,寺庙教育是由资深僧人做教师,不讲究教育教学的科学方法,重在灌输、记诵,而学校教育则是在经过专门训练、教学有方的教师的带领下,根据各学科内容特点和各门课程的要求,采用科学的教学方法进行教育教学。但是这些差异和对立并不是两者对抗或一方排挤另一方的理由,反倒在很多方面提供了相互补充的空间,提出了相互借鉴的必要性。首先,寺庙教育可以借鉴学校教育的某些优点,如教学方法、学业评价方式等;学校教育也同样可以通过聘请已经还俗了的佛爷——阿章,到学校教授去除了传播佛教信仰的傣族语言文化方面的内容的方式,弥补学校教育中相关师资的不足。其次,现代学校教育由于受时间、空间的限制,形成了自身在传承民族文化方

---

① 〔日〕石川统:《共生与进化——生态学的进化论》,第250-251页,转引自〔日〕尾关周二:《共同的理想》,卞崇道等译,北京:中央编译出版社1996年,第136页。

面的不可避免的局限性，然而，寺庙教育在传承傣族传统文化方面却是其自身的优势。最后，寺庙教育只是傣族和布朗族等西双版纳地区 44 个少数民族①中部分少数民族所特有的教育形式，不能独自承担起西双版纳地区所有民族的文化传承重任，并且，寺庙教育自身性质的规定，使得其在传播现代科学文化知识方面明显不足，而对学校教育而言，传播科学文化知识却是其优势。总之，充分认识到传统寺庙教育与现代学校教育各自的优势和局限性，二者在许多方面的互补性就自然而然地彰显出来了。目前来看，对寺庙教育与学校教育互补性认识不够的主要原因在于两个方面：一方面是对学校教育在育人和促进社会发展上的有限性认识不足；另一方面是受科学主义观念影响，忽视了寺庙教育在傣族社会中的独特育人价值和社会价值。

由此观之，在贯彻民族地区多种教育形态相互补充原则的过程中，尤其是涉及宗教时，应该努力做到以下几点：

首先，落实信仰自由的政策法规，克服科学主义一元价值观的消极影响，进一步认识宗教存在的合法性与合理性，充分认识宗教信仰的人生意义和社会价值，正确处理宗教的消极影响和积极意义的"双重性"。

其次，提高对学校教育有限性的认识，克服"学校教育万能论"倾向，要清楚地认识到学校教育在育人和促进社会发展上的诸多不足，尤其是在民族地区传承少数民族文化功能的有限性方面，而这些不足并不是通过学校内部的改革就能弥补的。只有通过学校与社会的结合，学校教育与民族地区的社会教育、家庭教育等各种形式的传统教育形态的结合，才能有效承担起传承当地民族文化的重任，促进民族地区人的全面发展和社会的全面进步。通常讲的"学校教育、社会教育、家庭教育三结合"落实到西双版纳傣族地区，就要特别注意学校教育与寺庙教育的结合，因为在该地区，寺庙教育在很大程度上就是社会教育和家庭教育的代表，傣族的社会教育与家庭教育的诸多功能已经被寺庙教育所涵盖。

最后，依照国家法律和民族政策，积极促进民族地区传统教育形态自身的

---

① 据 2000 年第五次全国人口普查统计，在西双版纳，除汉族外，还居住着傣族、哈尼族、彝族、拉祜族、布朗族、基诺族、瑶族、苗族、白族、回族、佤族、壮族、布依族、土家族、蒙古族、傈僳族、侗族、纳西族、满族、景颇族、藏族、土族、水族、普米族、朝鲜族、仡佬族、黎族、维吾尔族、畲族、仫佬族、锡伯族、阿昌族、羌族、高山族、京族、怒族、柯尔克孜族、鄂温克族、独龙族、东乡族、塔塔尔族、赫哲族、毛南族、塔吉克族，44 个少数民族，共有人口 70.4 万人，占总人口的 70.90%。

改革。面对主流文化和学校教育的强势介入，许多民族地区的少数民族群众对传统的教育形态采取了任其自生自灭的消极态度，致使其陷入了管理混乱和质量低下的恶性循环之中，这些是完全可以通过管理部门的努力、相关制度的完善，以及自身的积极改革加以改变的。也只有依照国家法律和民族政策积极促进民族传统教育形态的改革，民族传统教育形态才能保持其生命的活力。西双版纳傣族的宗教活动和寺庙教育目前正处于一种自然演变的状态，出现了两种不良趋向：一方面是以"尊重民族传统文化"为名，强化保守性和"去世俗化"，加强宗教设施和宗教组织的建设，客观上加剧了宗教与社会的隔离，加剧了寺庙教育与学校教育的对立；另一方面是在"现代化"的冲击下，宗教活动和寺庙教育受到经费有限、管理不善的影响而走向自然衰败，寺庙教育在办学条件每况愈下、受重视程度日渐削弱，以及受佛教教义、教规制约而具有的一些限制自身发展的规定的状态下，陷入了教学积极性不高与教学质量低下的恶性循环之中。实际上，寺庙教育中的一些消极文化倾向，是完全可以通过积极的宗教内部改革消除的，例如缅甸的寺庙教育就更具有了国民教育的性质，改革了排斥女童的做法，允许女童入寺学习。西双版纳傣族自治州已有的部分改革实践也表明，通过依法促进宗教自身的改革，可以提高佛爷的教育水平，改革寺庙教育的组织制度、教育内容和教育方法，实现与现代学校教育的互补共建。

四、民族地区多种教育形态共生的相互促进原则

民族地区多种教育形态共生的相互促进原则是指民族地区的各种教育形态作为相对独立的整体，采取各种方式方法，本着促进人的发展和社会进步的目标，积极作用于对方，解决两者间的对立冲突，并促进对方的改革发展。这也是民族地区多种教育形态共生的最终目标。

共生不是一种状态和关系的静态的维持，而是一个动态的过程。民族地区所具有的各种教育形态虽然是相对独立的实体，相互间在诸多方面存在着差异，但是空间上的同地，时间上的共时，教育对象上的同群，使各种教育形态间具有天然的联系，致使它们在很大程度上存在着价值追求的一致，这就为二者沟通、对话、相容、互促提供了前提和基础。比如，在西双版纳地区，生活

于现代社会的僧人，自觉不自觉地在接受着现代生产生活方式，寺庙里很多设施和生活用品实现了"现代化"，佛爷大都有智能手机、摩托车，甚至还使用上了汽车和平板电脑。如勐海县曼罗村寺庙的都三佛爷就拥有高级摩托车、智能手机和电脑，并掌握了较高水平的计算机操作技术。小和尚的家长们既希望孩子们在寺庙学习"好好做人"，也希望孩子们在学校好好读书，掌握一些科学知识。"和尚生"这个具有双重身份的受教育群体穿梭于寺庙与学校之间，他们受现代传播媒体、学校教育、学生群体等方面的影响，虽然身着袈裟，骨子里却更是现代社会"时代精神"和"现代生活方式"的接受者。这一切必然引起寺庙教育向"现代化"演变，不得不承认现代学校教育的影响力，不得不接受这种影响力。而当前西双版纳傣族寺庙教育的世俗化倾向和管理上的日益松散状态不仅仅是"现代化"冲击的结果，更是其对当前现代社会主动适应的表现，只不过这种适应是一种消极的适应罢了。这一方面不仅体现出学校教育对寺庙教育影响的必然性、必要性，也反映了学校教育积极主动促进寺庙教育改革的可能性。学校教育应该通过各种途径和多种措施积极促进寺庙教育改革，帮助提高寺庙教育的管理质量和教学质量。另一方面，现代学校教育也从来不是超地域、超民族的，尤其在我国地域广大、民族众多的国情之下，更不可能采用"一刀切"的模式办学，必须正确处理现代与传统、统一要求与因地制宜、国家意识形态要求与宗教信仰自由等方面的关系。在西双版纳傣族地区的学校教育中，这些矛盾关系表现特别集中、明显，这是该地区学校教育改革发展中需要重点解决的问题。南传上座部佛教作为傣族文化的重要构成部分，对傣族人民生产和生活发挥着巨大的控制作用，甚至可以说它就是傣族人民的生活方式。目前西双版纳傣族地区学校教育面临的诸多尴尬和困境，主要就是源自没有处理好如何对待傣族民族文化的问题。这种状况的改观，一方面需要通过学校教育自身的改革，也需要傣族社区、寺庙发挥积极主动的作用。依照政策法规，通过宗教组织自身的积极改革，提高僧职人员的素质，在积极适应学校教育的规章制度的同时，通过各种途径加强与学校教育的沟通，让学校教育主动了解傣族的民族文化，了解南传上座部佛教及其与傣族人民生产生活的密切关系，积极寻求解决寺庙教育与学校教育的对立冲突的途径，促进学校教育的民族特色、地域特色的建设。

因此，在贯彻民族地区多种教育形态相互促进原则时，应该重点注意以下几点。

首先，各级教育主管部门与宗教事务管理部门应该提高对民族地区传统教育形态与学校教育相互促进的必要性和可能性的认识，努力打破使双方"不相往来，相安无事"的观念。

其次，严格遵守有关政策法规，在相互尊重的前提下，积极作用于对方，促进对方的改革发展。尤其是学校教育通过有关政策积极主动促进民族地区传统教育形态改革时，必须加强民族文化研究，提高政策水平，讲究工作艺术，避免采用高压强施的做法。

最后，民族和宗教事务管理部门发挥协调作用，通过协商对话，依据政策法规和经济社会发展的要求，进行民族传统教育形态的组织和管理方面的改革，以便有利于与学校教育的沟通、配合、互促。

总之，民族地区的教育形态十分丰富，如何处理传统与现代多种不同教育形态间的关系，以及各民族传统文化如何传承的问题，既是一个具有地方性、特殊性的问题，同时也具有普世性，这些问题在民族地区普遍存在。民族地区的教育和民族文化传承问题涉及的方面极为复杂，绝不是可以通过某种统一的模式就可以解决的；即使在同一民族地区，在不同时期，具体问题也是不尽相同的，因而，不能企图通过某种固定的模式来一劳永逸地解决所有的问题。但是，只要在民族地区多种教育形态共生理念的指导下，坚持相互尊重、相互适应、相互补充、相互促进的原则，就能够在民族地区传统的教育形态和现代的学校教育中找到其融合点和超越点，从而完成民族地区教育传承民族文化和实现现代化的双重任务，并最终实现"美美与共，天下大同"的民族文化发展的理想状态。

第三节　西双版纳傣族寺庙教育与学校教育共生的具体策略

民族地区多种教育形态共生理论要求在制定各种具体策略时，都要坚持相互尊重、相互适应、相互补充、相互促进的共生原则。笔者根据对西双版纳傣

族寺庙教育与学校教育之间存在问题的实地考察和原因分析，在民族地区多种教育形态共生理论的指导下，从政府管理部门、学校、寺庙、家庭几个层面提出具体的应对策略。

一、政府管理部门要采取统筹规划的方式制定相关政策

西双版纳傣族寺庙教育的特殊性使得其不仅仅是一个进行宗教教育、传播宗教信仰的活动，在傣族人民全民信仰南传上座部佛教的状况下，还承担着对傣族的传统文化进行整合和传承的重任，在学校教育介入前，甚至承担着现代学校教育所应承担的许多责任。这一特殊性使得研究者在对寺庙教育进行相关研究时，不能简单地把其纳入宗教管理体系并且采取和其他宗教完全一样的管理体制。然而，西双版纳傣族的寺庙教育毕竟是以宗教教育为其核心内容的，无论它的环境、师资、内容，还是功能，都与南传上座部佛教有着密切的联系，想把其全部纳入学校教育之中，显然是行不通的；同样，由于两者在世界观、人生观等方面的差异，现代学校教育也不可能纳入寺庙教育的范畴。那么究竟如何平衡这一矛盾，实现两者的共生呢？这就需要相关政府管理部门具有全局眼光，采取统筹规划的方式制定相关政策，对两者进行相关的协调、配合。政府管理部门在处理两者的关系时，首先应该持有通过两者的共生来解决冲突的理念，坚持尊重两者的差异、同等对待的原则，而不应该在某种偏见的指导下试图以扶持一方来压制另一方，从而造成政策上的倾斜，否则，只会加剧两者间的矛盾冲突，而非化解矛盾，对于双方的发展而言都是不利的。

通过对西双版纳傣族寺庙教育与学校教育对立冲突的原因所进行的分析可以看到，各级相关部门制定的各类相关政策都有往学校教育"一边倒"的倾向，这也是两者对立冲突的主要原因之一。之所以会出现"一边倒"的倾向，就是因为各级政府管理部门在处理两者关系时，没有意识到两者间的相互补充关系，尤其是没有看到寺庙教育在传承傣族传统文化上所具有的重要作用，而是简单地把寺庙教育等同于宗教，把现代学校教育等同于科学，认为两者仅仅是"宗教"与"科学"的关系，从而把两者作为相互对立、冲突的双方，认为其矛盾具有不可调和性；此外很多地方政府部门都把"控辍保学"作为评价当地干部在职期间业绩的重要内容，并将其作为干部升迁的重要指标之一。因

而，在这种情况下，出现政府管理部门出台的政策往学校教育"一边倒"的状况也就是不可避免的了。这种"一边倒"的政策表面上好像解决了双方的冲突，双方只要按照相关政策的要求严格执行就可以了，问题也就解决了。但是，实际上双方的矛盾不但没有得到解决，反而加深了，并且取而代之的是更多新问题的出现。比如，西双版纳当地政府管理部门采取了"一边倒"的政策，制定了各种规章制度，辅以各种奖惩措施，如西双版纳州在《云南省西双版纳傣族自治州民族教育条例》的相关内容、《曼罗九义学校家长、佛爷、村领导联系制度》、《教育协管员职责及奖励办法》，以及一些村寨对傣族男童入寺当和尚的年龄和人数的具体规定，等等。这些政策、规章制度的制定使得西双版纳傣族地区义务教育期间小学学龄儿童入学率为99.79%，初中阶段入学率为81.51%，学生的辍学率也得到了一定程度上的控制，但是，同时学生的短期"间歇性辍学"现象却日益凸显，这不仅影响了学生个人的学习，而且对其他同学学习的积极性造成了极大影响，并进而影响到了教师的教学积极性；教师教学积极性的降低又进一步对学生学习的积极性造成消极影响，致使"间歇性辍学"日益严重，从而产生了一系列连锁反应，形成了恶性循环。而学校又把造成这一问题的罪魁祸首集中到以"和尚生"为代表的学生身上，认为是傣族寺庙教育存在管理上的种种问题，造成了以"和尚生"为代表的学生的"间歇性辍学"，从而加剧了寺庙教育与学校教育的矛盾冲突。

那么，政府管理部门在尊重傣族寺庙教育与学校教育间的差异，对两者持同等对待的原则下，又该如何具体实现两者的共生呢？寺庙教育和学校教育分属宗教和教育两个不同的管理部门，而两者自身的规定性又使得寺庙教育不可能抛离与宗教相关的内容，学校教育依照相关法律规定又不能完全把寺庙教育纳入学校教育的范畴，在这种情况下，不同管理部门间的协调合作、统筹规划应该是实现西双版纳傣族寺庙教育与学校教育共生的有效途径。

所谓统筹规划是指西双版纳傣族寺庙教育所属的宗教管理部门与学校教育所属的教育管理部门依据西双版纳傣族人与社会全面发展的需要，在互惠互利、相互促进的基础上，通过各部门间的相互配合、相互协调，从而实现统一规划、统筹安排的政策制定机制。在西双版纳，对傣族寺庙教育进行管理的部门是西双版纳州民族宗教事务局及其辖下的各级管理部门，而对学校教育进行管理的部门则是西双版纳州教育局及其下辖的各级管理部门。所谓统筹并非是

指把西双版纳傣族寺庙教育与学校教育共同纳入西双版纳州宗教事务局或州教育局，或者在两个管理部门以外再增加一个可以同时容纳两者的新的管理部门，而是指现存的两个管理部门在制定相关政策时，不要各自关起门来自己搞自己的，而是要两个部门在尊重对方差异的基础上互相协调、协商，把寺庙教育与学校教育双方的利益和发展加以综合考虑，从而找到促进双方发展的最佳着眼点。比如，既然西双版纳傣族寺庙教育具有传承傣族传统文化的功能，就当前而言，传承傣族传统文化的效果也比学校教育要好，那么，为什么不把两者作为一个统一的整体加以统一规划，让傣族的寺庙教育承担起西双版纳傣族传统文化传承的任务呢？在这种情况下完全可以在双方管理部门的统筹安排下，合理规划学校教育的课程设置和寺庙教育的教学内容。比如可以适当地减少或压缩学校教育中与傣族文化相关的课程，而改成主要由傣族的寺庙教育承担，甚至完全由寺庙教育独自承担。这样不仅可以减少学校的负担，还可以很好地解决西双版纳地区学校教育中多民族学生共存状况下，单一民族文化传承的问题。再比如，在学生放假时间的安排上，当前，西双版纳傣族全民信教，并且各种佛事活动众多，一有大型的宗教活动便有许多傣族的学生，尤其是和尚生会向学校请假参加这些活动，事后教师也不会单独给他们补课，从而使得这些和尚生因经常请假参加各种佛事活动而跟不上教学的进度，并进而造成学习积极性不高，这成为西双版纳傣族寺庙教育与学校教育对立冲突的重要内容之一。其实，这些是可以通过双方相关管理部门的协商来统筹安排的。虽然西双版纳傣族的佛事活动众多，但是，比较大型且时间较为统一的佛事活动一般都集中在一年中的某几个节日上，比如，开门节、关门节、泼水节这三个节日，其时间在西双版纳地区是一致的，并且几乎是全民族参与的大型活动。那么，在这种情况下，教育管理部门为学校教育制定假期安排时，就应该考虑到这些因素。如除国家规定假期之外，可以适当地缩短寒暑假的天数，把其分配到西双版纳地区的主体民族傣族，甚至当地其他民族的一些大型节日上，而不是完全依照汉族地区的标准执行。这样，既保证了傣族学生，尤其是和尚生参与佛事活动，传承傣族传统文化的需要，又保证了学校教育教学工作的正常进行，体现了对民族传统文化节日的尊重。然而，当前西双版纳在假日的安排上，仅仅在《云南省西双版纳傣族自治州自治条例》第六十七条中规定："每年 1 月 23 日为自治州建州纪念日，全州放假 3 天。……'泼水节'全州放假

3天。"而通过对曼罗九义学校的考察发现，曼罗九义学校的假期安排是严格按照国家和西双版纳州规定的节假日来安排的，也没有充分考虑到傣族人民传统节日习俗的特殊需要，这就会导致傣族学生因经常请假参加各种节日活动而跟不上教学进度，进而影响其学习积极性的情况。

相关管理部门制定的政策之所以会呈现"一边倒"的倾向，除了在制定相关措施时，其背后的理念是把两者作为对立的双方，而不是把两者放在一个统一的整体中加以考虑之外，还有一个极为重要的原因，就是宗教问题的敏感性、特殊性。我国的宗教政策是"宗教信仰自由"，如果相关管理部门处理得不够好、拿捏不准其中的"度"，就可能会因过度干预而违反"宗教信仰自由"的原则，造成违宪行为，承担法律责任，所以许多相关管理部门的领导遇到相关问题时宁愿采取"不作为"的消极应对，也不愿意采取积极的态度主动解决问题，以免因处理不当而碰触到"雷区"。在制定政策时，对于宗教问题保持高度的敏感性当然是必要的，但是，只要认识到寺庙教育在传承傣族传统文化中的重要作用，真正从傣族人民与社会发展的角度来制定与傣族寺庙教育相关的政策，那么，这种过度担心就没有必要。在考察中，笔者也曾问过教育管理部门的相关人员，如果学校适当地吸纳一些佛爷作为协助管理人员，或者邀请他们作为学校的兼职教学人员，以弥补学校教育中相关师资的不足，而由宗教和教育管理部门协商给予一定的补助是否可行？对此，他们认为是可行的。并且，一些学校的领导对于这一建议也是十分赞同的。当然，相关管理部门也许已经意识到了寺庙教育与学校教育在某些方面的互补性，试图通过在学校、家长、佛爷、村领导间建立定期的联系制度来解决两者间的矛盾。由于没有在相互尊重的基础上来恰当地处理各方间的关系，这一尝试并未获得成功，不但没有有效地解决两者间的问题，反而在一定程度上加深了两者间的对立冲突。但是，这一尝试也从一个侧面证明了实现两者统筹规划的可能性。

另外，双方的管理部门在对寺庙教育和学校教育的发展进行统筹规划时，不仅要立足于当前，从现实出发，更要从两者的长远利益出发来制定各类相关政策。共生本来就是一个动态的过程，在不同的发展阶段，所面临的具体问题是不同的，那么，相关管理部门在对西双版纳傣族寺庙教育与学校教育统筹规划的时候，各种相关政策的制定就不能是仅仅为了解决当前所面临的具体问题的权宜之计，而要从二者发展的角度出发来制定各种相关政策。当前，西双版纳许多地区为了解决眼前的问题，实现"控辍保学"的目标而制定的各种对每年"升和尚"的傣族男童数量的限制规定，就是一种权宜之计。而这些管理部门并没有意识到，从长远来看，西双版纳傣族寺庙教育的发展不仅对其自身有利，而且对学校教育的发展也是有利的，它可以弥补学校教育由于自身无法避免的缺陷，即受时间、空间的限制而导致的在传承傣族传统文化上的不足，并且为有效地解决西双版纳学校教育中多民族共存情况下单一民族的文化传承问题提供了新的思路和尝试。由此可见，这种为了解决当前寺庙教育与学校教育在生源上的争夺而对接受傣族寺庙教育的人数加以限制的做法就不能不说是一种目光短浅的权宜之计了。因而，相关管理部门必须在民族地区多种教育形态共生理论的指导下，对西双版纳傣族寺庙教育与学校教育的发展进行统筹规划，才能够为两者优势的充分发挥、互补、共促提供政策上的保障。

当然，仅仅依靠政府管理层面的保障是不能从根本上解决西双版纳傣族寺庙教育与学校教育间的对立冲突而实现两者的共生的，还需要依靠学校与寺庙自身的改革。

二、西双版纳傣族地区学校教育自身的改革

学校教育作为教育的重要形态之一，在人与社会发展中的作用是有目共睹、不言而喻且不可忽视的。然而，学校教育自身不可避免的局限性使得其有着诸多先天的缺陷，但是，这不能作为其当前因各方面的不完善而引起的各种不足之处存在的理由，学校自身的改革仍是十分必要的。

（一）落实佛爷与学校沟通的制度

西双版纳学校教育在管理方面还是比较严格的，各种规章制度也都比较健全。为了解决与西双版纳傣族寺庙教育间的矛盾冲突，学校方面也出台了一些与各村寨佛爷相协调的规章制度。如曼罗九义学校制定了《曼罗九义学校家长、佛爷、村领导联系制度》，规定"每月召开一次佛爷会议，反馈和尚生在校学习、生活表现情况，同时了解和尚生在寺庙里的活动情况"。但是，通过这一规定的具体内容也可以看出，相对于学校管理而言，佛爷只是一个被动的

汇报者，即学校单方面规定佛爷有来学校听"和尚生在校学习、生活表现情况"，以及向学校汇报"和尚生在寺庙里的活动情况"的义务，只是要求其配合学校工作，并没有把佛爷作为学校管理中的一个积极的参与者来看待，致使绝大多数佛爷没有主动参与的积极性，甚至有抵触情绪。这种单方面的义务规定也使得这一措施几乎成了一纸空文。笔者在西双版纳考察期间也曾问过都三佛爷，是否每个月都要到学校汇报和尚生在寺庙里的学习情况。都三佛爷回答说：

　　　　没有啦，我以前不是这个村的，不知道他们以前有没有。我来了好几年了，是没有的了。没听说过有这些规定。

其实，这种把佛爷作为被管理者，单方面规定佛爷义务的做法，其背后的理念仍然是把傣族寺庙教育仅仅看作是一种纯粹的宗教活动，从而把学校与寺庙作为对立的双方。而相关法律的规定及对干部业绩考评的标准又都向学校教育倾斜，以学校教育中学生的入学率、巩固率和学业成绩高低作为干部业绩考评和升迁的重要标准，更没有将寺庙和佛爷的利益考虑进来，只是顾及了学校单方面的利益。这就更使得傣族寺庙教育要以学校教育为中心，参照学校教育的时间来调整寺庙教育的时间，依照学校教育的各种规章制度对寺庙教育的规章制度加以相应的改动。如此一来，佛爷只能作为被管理者或协助者，而缺乏主动性、积极性，许多相关的规章制度都成了一纸空文，并未得到有效实施。

因而，只有真正落实佛爷与学校沟通的规章制度，在制定新的规章制度时，才不会出现只考虑到学校单方面利益的情况，才会同时考虑到寺庙的利益，这不仅对寺庙的发展有利，也有助于学校与寺庙双方利益的平衡。由于佛爷经常就小和尚的学业问题与学校进行沟通，从根本上而言与寺庙的利益也是直接相关的，有利于寺庙的发展，因而会大大提高佛爷协助学校教育的积极性，也有助于加强各种规章制度实施的可行性，从而形成良性循环。

（二）加强教师队伍建设，吸纳部分"阿章"到学校兼职

在学校教育中，教师是不可缺少的组成部分，可以说，教师素质的高低直接关系到教学效果的好坏，也是学校各类改革的关键，因而，当论及西双版纳傣族学校教育自身改革时，与教师相关的改革是其中必不可少的一个关键环节。

首先，教师要尊重傣族的各种习俗，强化自身的民族文化素养。我国是一个统一的多民族国家，每个民族都在长期的发展中形成了独特的文化，尊重每个民族的文化是每位公民应具备的基本素养，这一点对于在民族地区任教的教师而言尤为重要。然而，当前民族地区的教育中并非当地民族的教师占绝大多数，由于有些非当地民族的教师对于所任教地区民族的风俗文化理解不深，从而在教育教学过程中体现出对当地民族风俗文化认识上的误解和行为上的冒犯，甚至因此造成了与当地少数民族学生和群众间的冲突。在西双版纳学校教育中，教师与和尚生间的冲突时有发生，年轻女教师在课堂上被气哭是常有的事情。前文也曾讲到 Z 校长曾讲述了他和一位和尚生发生冲突的事情，并对事后这位学生父亲的质问感到不可理解。在寺庙里，笔者也曾问过小和尚们，佛爷和老师是否都会惩罚他们。当他们说佛爷如何惩罚他们的时候，显得十分平静，语气也很平和，好像是理所当然、顺理成章的事情，而说到老师如何惩罚他们时，他们都是叫嚷着说的，显得十分气愤和无奈。

问："你们的佛爷会不会打你们？惩罚你们啊？"

答："很少了，只是有时候让我们背经文，我们不会的时候才用手在我们的头上敲两下，而且不疼的。"

问："那在学校老师怎么惩罚你们啊？"

答："哎呀，打我们的头"、"还扭耳朵呢"、"还罚我这样呢（蹲马步）"。

问："为什么会惩罚你们啊？"

答："我们调皮啊，上课睡觉，有时候讲话，反正就是因为调皮啦。"

问："你们调皮，老师当然要惩罚你们啦。"

答："可是，打我们的头，还扭我们的耳朵呢！"

问："学校里的傣族老师也惩罚你们吗？"

答："惩罚啊。"

问："怎么惩罚？"

答："打屁股啊。"

问："也打头吗？"

答："不打。"

Z校长对和尚生及其家长的不理解和小和尚们的气愤，虽然其表面的原因在于小和尚们上课调皮所致——当然，事实上也确实存在这方面的原因，但其背后却同时也隐藏着一个更为主要的因素：非傣族教师对傣族习俗的了解不足或不尊重。对傣族人来说，和尚的某些身体部位是不能随意触摸的，头就是其中之一，即使是他们的亲生父母也不例外，否则就是对佛祖的不敬。而在学校，一方面由于学校里的教师绝大多数都是汉族或其他少数民族的，傣族教师十分少，比如所考察的曼罗九义学校，全校只有一个傣族教师，因而，他们中有许多人是不知道这些禁忌的，只是把和尚生当作普通学生，与其他学生一样对待；退一步而言，即使他们知道，也可能没有意识到它的影响，而不加以重视。而和尚生在学校里仍然把自己看作比一般傣族学生地位要高的佛祖弟子，因而，他们是无法忍受老师的这种惩罚方式的。相对而言，傣族教师懂得这些习俗，但是面对经常调皮的和尚生们，他们有时也不得不使用惩罚措施，只是在两者之间找到一个相对而言双方都能接受的平衡点——打屁股。但是，也有一些老师认为：和尚生们在寺庙里，怎么都行，但是，来到学校就应该一视同仁，就是学生，不遵守课堂秩序、学校纪律，就必须要管理，口头管理不好，就要使用适当的惩罚措施，否则，根本无法保证正常的教学。

美国学者沃勒（W. Waller）认为，教师与学生之间的文化冲突是在文化传播过程中由学校的特殊功能引起的，是因为教师代表更大团体的文化，而学生满脑子装的是地方团体的文化；当两者间的差异涉及宗教问题或基本道德问题时，接踵而来的冲突可能会变得相当激烈，并且会严重影响学校与团体的关系。[①]因而，在民族地区，当一位非本民族的教师来此地区教学时，对当地各民族的风俗文化的了解是必不可少的。只有了解了他们的各种民风民俗才能够更好地了解学生，与学生形成良好的师生关系，避免冲突。而良好师生关系的建立也是提高学生学习和教师教学积极性的一个重要因素。

鉴于此，应该通过一系列政策措施，从中央到地方建立起一整套完善的机制，加强民族地区教师民族文化基础知识的培养和民族文化素养的提升，让他们更好地融入民族地区的文化情境，更好地为民族地区的教育和社会发展服

---

① 〔美〕沃勒：《独特的学校文化》，王洪力等译，转引自厉以贤：《西方民族教育社会学文选》，台北：台湾五南图书出版公司1992年10月，第412页。

务。我国绝大多数师范院校的学生毕业后，都将从事教师工作。目前，我国东部及沿海地区的教师相对饱和，师范生毕业后的去向多为中西部地区，而这些地区都是少数民族的聚居和杂居区。这就意味着，中西部地区的教师会面临多元文化的问题。然而，就目前师范生培养的内容来看，相关知识和基本素养的学习和培养并未被纳入进来。因此，在师范院校增加与多元文化相关的必修课是培养教师民族文化素养的重要途径之一。同时，应该在民族地区的"国培计划"中融入相关内容。"国培计划"的目的是提高中小学教师，特别是农村教师队伍整体素质。但目前全国"国培计划"的基本模式和内容大体一致，应该充分考虑不同地区的特殊性，尤其是民族地区与非民族地区的区别。因此，民族文化素养作为民族地区教师必备的基本素质，如能依托在民族地区的"国培计划"中，有针对性地融入被培训教师所在民族地区民族文化的相关内容，不仅有助于该民族地区教师队伍整体素质的提高，更有助于当地的和谐发展。

其次，要对学校师资专业结构进行合理配置。当前，由于国家对教育，尤其是义务教育阶段师资培养力度的加大，各地的教师编制都已饱和或者超编。西双版纳地区也不例外。目前，曼罗九义学校的师生比①达到了 1∶19，教师编制已经超编，但是学校中的某些学科的师资却仍然匮乏。比如，全校一共有24 个班级，却只有一位体育专业毕业的教师和一位音乐专业毕业的教师，使得学校的许多课程根本无法开设；而有相关专业的大学正规师范院校的毕业生却因为学校人员超编而找不到工作。造成这种矛盾的根本原因就是上级管理部门在对学校的师资编制进行规划时，仅仅依据师生比来作为是否引入师资的标准，而没有考虑到师资专业结构的配置是否合理。同时，学校引入师资时，教师的学历达标的标准不应该仅仅看是否有相应的学历，还应该考虑最终学历专业与其所任教的学科是否一致。只有如此，才能保证教师的专业素质和教学的质量，以及学校师资专业结构的合理性，从而保证学校课程的设置，促进学生学习的积极性。

最后，学校教育的师资队伍中也可以吸纳一些学识渊博、德行高尚、受人

---

① 师生比，即教育教学机构中教师人数与学生人数之比。根据中央编办、教育部、财政部 2014 年下发的《关于统一城乡中小学教职工编制标准的通知》（中央编办发〔2014〕72 号），高中教职工与学生比为 1∶12.5、初中为 1∶13.5、小学为 1∶19。参见：http://www.moe.edu.cn/s78/A10/A10_gggs/s8471/201412/t20141209_181014.html，2018-01-16。

尊敬的已经还俗的佛爷——阿章来校担任兼职教师，从而弥补学校教育中某些课程师资的不足。笔者在考察中发现，有些学校也想设置一些与傣族语言文字、文化相关的课程，以便使课程的内容更贴近学生的日常生活，在传承傣族传统文化方面做出自己的努力。但是，由于没有能通晓老傣文和傣族文化的相关教师，这些课程只能被排除在学校教育之外。而西双版纳傣族的阿章，个个都通晓老傣文，如果从中选择一些学识渊博、德高望重的阿章来校担任兼职教师，相关政府部门给其以一定的报酬，就可以弥补当前学校教育中相关师资不足的状况。同时，邀请曾经当过佛爷的阿章到学校担任教师，从某种程度上也可以提高西双版纳傣族学生及其家长对学校教育的认同（图5-1）；也可以发挥和尚生在老傣文学习上的优势，从而增加其接受学校教育的积极性。最重要的是，如此一来可以弥补西双版纳傣族寺庙教育不接收女童而导致的傣族女性被排斥在传统文化传承之外的缺憾。

图5-1　一对傣族母女正在向阿章请教问题

（三）学校课程设置要满足西双版纳地区人民生存和发展的需要

虽然仅仅想通过在课程中加入某个或某几个民族传统文化的相关内容，甚至仅仅把当地主体民族的文化纳入学校课程，并以此作为解决民族文化传承问题的主要途径的做法是十分错误的，但这并不等于对学校民族文化传承功能的否定，更不是对学校课程改革的否定。课程作为学校教育的重要组成部分，依据其所存在的问题，对其进行必要的改革是必需的。

在西双版纳地区，当问到傣族学生和家长为什么对学校教育的积极性不高时，"读书没有用"的回答占绝大多数。所谓"没有用"就是指学校学到的知识与他们的生活相脱离，不能直接用于日常的生活之中。既然学校所学的知识与现实的生活和可预见的未来的发展前途毫不相干，那么，与其把时间、精力、费用投在这些不相干的课堂学习上，倒不如让孩子去种地。加上现实中，就在他们的身边真真切切地发生了有人考上大学，毕业后找不到工作，又不会种地，只好回到寺庙里当佛爷的极端事例，这也在一定程度上印证和强化了他们"读书无用"的观念，从而致使他们对学校教育持消极的抵触情绪。

学校教育的根本目的是要促进人与社会的全面发展，这是通过为人与社会提供满足他们生存和发展所需要的基础知识和基本技能来实现的。而具体到某一地区的教育，当然就是要满足本地区人民生存和发展的需要。而人与社会的需要都是有层次性的，既有当前的需要，也有长远发展的需要，忽视了其中的任何一个方面都会使学校教育失去其自身的吸引力。同时，这也对学校教育的课程设置提供了相应的规定：如果把人们当前的需要看作眼前利益的话，那么人们发展的需要就应该是长远利益，因而，学校教育的课程设置要既符合西双版纳地区人与社会当前利益的需要，又要为其长远利益考虑。

首先，学校课程设置要与西双版纳地区人民生产生活的实际相结合。现代学校教育作为一种专门的传承文化的教育机构，对占据主导地位的主流文化的认可，造成了对处于非主导地位、非主流的，却延续了很久的、集中体现在其生产生活中的少数民族所具有的地域性文化的忽视。国家学校教育的强制性使得西双版纳地区的儿童不得不放弃他们自己生活中潜在的文化习得，而接受与其地域性文化具有异质性和不连续性的学校教育，从而造成了其对学校氛围的抵触和学业上的失败。[1]正如甘地在对现代教育进行批判时所说的：

> 现代学校的一切事情，从教科书到毕业典礼，从来不会使一个学生对自己的生活环境感到自豪。他受到的教育程度越高，就越远离自己的故乡。教育的整个目的就是使他和他的生活环境格格不入，就是使他不断疏远这种环境。对于故乡的生活，他一点儿也不感到有诗意。村庄的一切对他来说都是那样陌生。他自己祖祖辈辈所创造的文

---

[1] 王艳霞：《课程中的文化选择研究》，北京：中央民族大学博士学位论文 2007 年 5 月。

明在他眼里被看成是愚蠢的、原始的和毫无用处的。他自己所受的教育就是要使他与他的传统文化决裂。①

因而，只有在学校教育的课程设置过程中，把一般性的知识与地域性的生产生活方式结合起来，才能保障学生入学前后所习得的文化的一致性和连续性，从而激发其接受学校教育的积极性。

其次，学校课程设置要把西双版纳地区人与社会当下的需要与长远发展的需要结合起来。如果学校课程的设置和具体内容距离西双版纳地区人民的现实生产生活十分遥远，脱离当前的生活实际，这本身就抑制了学校教育的发展，使其失去了吸引力，也使其长远利益得不到保障。因而，西双版纳学校教育的课程设置和内容应该根据本地区的具体特点，传授与其当前生产生活密切相关的知识。比如，在西双版纳地区，与其生产生活密切相关，且能满足当地人与社会生存和发展需要的基础就是各类农作物和经济作物的种植，如水稻、橡胶、茶叶、甘蔗等经济作物。如果在学校课程中加入相关课程的设置，并且所有课程的教材都与这些生活实际相联系，将会极大地提高学生学习和学生家长对待学校教育的积极性。当然，学校课程设置还要符合西双版纳地区人与社会长远发展的需要。在社会的发展过程中，西双版纳地区人与社会的当前需要不是固定不变的，如果学校教育过于囿于西双版纳地区人与社会的当前需要，也许这些内容在某一段时期内满足了他们的需要，但是，过了这个时期，人们的需要有了变化，学校教育所设置的课程及其内容就会具有滞后性，学校教育同样会失去其效力。因此，学校课程内容的设置不仅要满足当地人与社会发展的需要，还要具有前瞻性，使其能够适应长远发展的需要。这就需要一些看似与当地人与社会当前需要无关，却对其长远发展有利的基础性课程的设置。西双版纳傣族地区优越的生存环境，使得其即使使用最为原始的生产方式仍然能够满足生存的基本需要，但是，人与社会总是希望能够往更高的需要层次发展，对现代科学技术相关知识的掌握已经成为促进人与社会发展的重要前提条件，并且，现代科技也必将在西双版纳地区各种经济作物种植和持续发展方面发挥重要作用，因此，学校课程的设置也理应为人们能够掌握现代科学技术提供相关的基础性知识学习的机会，并培养其相应的能力。

---

① 转引自石中英：《知识转型与教育改革》，北京：教育科学出版社 2001 年 5 月，第 353 页。

当然，学校课程的设置也不能先满足西双版纳地区人与社会当前的需要，等到出现变化时再去制定满足其长远发展需要的内容。学校课程的内容是满足西双版纳地区人与社会的当前需要与长远发展需要的统一，这两个需要是统一在具体的课程内容之中的。那么，究竟如何把这些"需要"统一在课程之中呢？在这里，首先要厘清两个概念："需要"与"想要"。"需要不同于想要，它是主体自身客观存在的状况"，"人各方面的需要，都有其客观的形态和实质。它是不是被人自己意识到，变成'想要'或通过'想要'表达出来，是另一回事"①。由此可见，"需要"是客观的，而"想要"是主观的。人与社会的"需要"并不会因主体的"想要"与否而失去其价值。就学校教育而言，学校教育对学生身心发展的需要是客观存在的，它不会因为学生不想学习只想玩乐而失去其对学生身心发展的价值。而一般情况下，人的"想要"关注的总是当前的利益，而"需要"则既包括当前利益，也包括长远利益。当然，也有"想要"与"需要"取得一致的情况。这种"想要"与"需要"的一致有利于在设置课程内容时，找到其当前需要与长远需要的结合点，然而，地区或国家的发展则是个体所无法预料的，这就需要相关专家学者用发展的眼光对学生所应具备的、有利于其身心发展的相关知识、技能做出规定。但是，同样的知识、技能的获得，其途径是多方面的，形式也是多样的。结合西双版纳当地人民生产生活的实际仍然是可以获得与其他地区学生一样的知识内容和技能，同时也能把本地区人与社会当前发展的需要与其长远发展的需要结合起来。在西双版纳地区，正在实施的"农村综合初中改革"就是一个很好的尝试。按照其规定：

综合初中班实行"2+1"或"2.5+0.5"教学模式，即普通初中班初二后分流出来的学生在继续学习普通初中基础学科知识基础的同时，进行一个学年或半年的初等职业技术教育，学习专业技能知识，为当地农村经济建设培养实用型初级人才。其课程分为两类：一是文化基础课。文化基础课包括思想政治、语文、数学、外语、化学、物理、生物、历史、地理、体育、音乐、美术等12门学科，以国家课程计划和各种教学课程为基础，删减部分教学内容，适当降低教学要求。二是专业技能课。专业技能课包括种植基础、养殖基础、农村家

---

① 李德顺：《新价值论》，昆明：云南人民出版社2004年8月，第229页。

庭医疗卫生、机电修理、裁缝、理发、烹调、庭园经济、建筑、农机使用与维修、家政服务等，其中种植、养殖为必修课程，其他技术课由各学校根据当地生产生活实际自行选定 3～5 门。

这一模式在西双版纳的瑶区①试点以来，取得了很好的效果，学生入学的积极性明显提高，同时也取得了较好的社会反响。虽然这一尝试仍然存在诸多问题，如其课程的设置只是在和其他地区使用一样教材的文化基础课之外，加入了和西双版纳瑶区人民日常生产生活相关的一些课程，并没有把基础知识的学习与西双版纳瑶区人民的生产生活加以融合。但是，这一尝试至少为兼顾西双版纳瑶族聚居区的人民和社会发展的当前需要与长远需要的课程的设置提供了可行性的佐证。

三、西双版纳傣族寺庙教育自身的改革

既然冲突的双方都存在问题，那么，仅仅依靠其中一方的改革是不可能从根本上解决问题的，学校教育的改革也需要与西双版纳傣族寺庙教育自身的改革相配合。

（一）加强寺庙的管理制度

当前的西双版纳傣族寺庙中，佛爷对和尚们的管理极为松散是一个不争的事实。小和尚们年龄尚小，自我约束能力弱，在这种松散的管理制度下，容易受到许多不良行为习惯的影响，从而形成懒散的生活习惯，得过且过、不求上进，组织纪律淡薄，甚至公然违反教规吸烟喝酒、打麻将、赌博等。受这种管理松散而导致的各种不良行为习惯的影响，和尚生对学校较为严格、规范的管理制度十分不适应，对待学习也是遇难而退、不愿付出辛勤刻苦的努力，从而导致当地学校教育中"间歇性辍学"状况严重。即使和尚生勉强留在学校上课，在课堂上也多是以睡觉，甚至以打闹嬉戏等方式度过一天的学校学习生活，这也在一定程度上扰乱了学校的教学秩序，影响正常的教学进度。

加强寺庙对和尚的管理，并不仅仅是为了让其适应学校相对严格的管理制

---

① 在西双版纳地区瑶族人民居住相对集中的地区被称为"瑶区"。

度，也从根本上有利于寺庙自身的发展。当前西双版纳傣族寺庙中和尚们的行为是否违反了教义教规都是由佛爷来监督的，佛爷的行为则主要依靠村民的监督。如果佛爷的行为严重违反了教义教规，村民是可以把其赶走，并要求另换佛爷的。笔者在考察中就听说过某村寨佛寺的佛爷由于违反了南传上座部佛教"做佛爷期间不许谈恋爱"的教规而被村民赶走的事例。但是，由于西双版纳当地越来越少有人愿意做到佛爷，所以村民们为了留住佛爷，对许多佛爷的行为也越来越宽容。曼罗村的都三佛爷是笔者在考察期间遇到的最为守教规的一位佛爷，他不吸烟、不喝酒，也不打麻将。曼罗村的村民也都一致认为都三佛爷是现在难得遇见的好佛爷。但是，都三佛爷对于小和尚吸烟、喝酒也只是说说，并不严加责备，而且，对于过午不食、关门节期间不吃肉等戒律的规定，都三佛爷有时也会破戒。对此，村民也都很理解："现在我们的日子都好过了，天天有酒有肉的，佛爷也不能太苦了，要不然就没有人愿意当佛爷了。"事实也的确如此，现在西双版纳地区愿意当佛爷的人越来越少了，许多村寨的傣族男子做了和尚后就不愿意继续当佛爷了，原来的佛爷到了一定年龄也还俗娶亲成家了，可是一个村寨的寺庙里是不能没有佛爷的，于是就只好到别的村寨请一位佛爷过来，都三佛爷就是曼罗村的村民从别的村寨请过来的佛爷。因而，即使佛爷有一些如吸烟、喝酒、吃肉、打麻将等行为，村民们也只是睁一只眼、闭一只眼，装作没看见，因为村民们认为：现在的社会不同了，如果还让和尚、佛爷严格遵守清规戒律，就太苦了，就没有人愿意当佛爷了，因为谁也不想过苦日子，到那时候就更没有办法了。

虽然村民的这些想法是可以理解的，但是，从长远来看，如果还继续纵容佛爷与和尚的这种行为，不仅不利于小和尚们的良性成长发展，造成与学校教育的冲突，最终也会导致寺庙自身的削弱，甚至消亡。笔者在考察中发现，当前西双版纳有的傣族村寨已经出现了虽有适龄的男童，但是，寺庙里却收不到小和尚的状况，也就是说，有的村寨已经出现了傣族男童不愿意入寺当和尚的状况。其原因当然是多方面的，除了人们信仰的动摇、升和尚费用的考虑外，寺庙管理松散造成一些傣族男童入寺后养成了吸烟、喝酒、赌博，甚至偷盗的坏习惯，也是许多傣族家长不愿意送孩子入寺当和尚的一个重要原因。当前，许多和尚身上存在的问题，其原因就在于许多佛爷本身没有以身作则，经常公然地吸烟、喝酒，甚至赌博，而村民们对佛爷的许多不良行为的放纵直接影响到了小和尚自身行为的养成，从而成为学校教育与寺庙教育冲突的一个重要因素。因而，从长远发展来看，加强寺庙教育的管理是寺庙教育应实施的一项必不可少的改革措施，这不仅有利于小和尚的成长发展和提高其对学校教育管理方式的适应，还有利于傣族寺庙教育自身的发展。而建立一个专门的监督组织则是改变西双版纳傣族寺庙教育管理松散状态的一个有效方式。在这方面缅甸的僧伽改革作出了相关尝试，并取得了一定的成效，可为傣族寺庙教育的相关改革提供一定的借鉴。缅甸的僧伽改革成立了专门的纪律办公室，并下设僧伽纪律委员会来负责僧伽内部纪律的立法、执行与监督。1984 年 8 月 8 日，缅甸全国僧伽宗派委员会发布第 65 号命令，要求各市镇一级的僧伽委员会督察下属寺庙住持遵守有关僧伽规章制度，不要袒护违规的僧人。1986 年 6 月 20日，缅甸全国僧伽宗派委员会又发出了第 72 号命令，重新强调以往僧伽委员会发出的对于寺庙住持及比丘和沙弥的纪律要求。同时也重申了相关机构对于僧伽管理和净化的责任义务，并展开了大规模的宣传活动。缅甸的部长会议也随之跟进，在 1986 年 10 月发布了一个通知，要求有关部门配合僧伽官方第72 号命令，利用法律手段来纠正不守僧伽规章制度的比丘和沙弥的行为。这一系列行动取得了成效，使得缅甸国内僧伽的整体纪律得到根本好转。[①]

（二）改革晋升制度，提高佛爷素质

西双版纳傣族寺庙中的佛爷承担着和尚的教育和培养工作，所以佛爷素质的高低直接影响着和尚的成长质量和发展水平。"有好的佛爷就有好的佛寺；有好的佛爷也就有好的和尚。"佛爷对于和尚而言除了神化的崇拜外，既是经师又是人师，佛爷对和尚具有绝对的权威和至高的地位，对和尚的成长有着其他人无法比拟的巨大影响力。但是，当前，西双版纳傣族寺庙里的佛爷素质普遍较低，这是因为僧侣的晋升主要是以入寺年限的长短和个人的年龄为标准的。虽然也要结合学业成绩，但实际上学业成绩一直处于比较次要的地位。以前，由于寺庙的管理相对严格，只要入寺当和尚都会认真学习，加上在寺庙里的年限足够长，所以一般而言到了相应的年龄，学业成绩就不会太差；现在，

---

① 宋立道：《传统与现代：变化中的南传佛教世界》，北京：中国社会科学出版社 2002 年 8 月，第 248-249 页。

由于许多人不愿意到寺庙里当佛爷了，能找到一个愿意当佛爷的傣族男子就已经十分不易了，所以，人们对佛爷的要求就相对宽松了，也就更谈不上对佛爷的学业成绩有什么更高的要求了。鉴于此，佛爷需要不断加强自身的学业修养，为和尚做好榜样；同时，教化人也同样需要懂得教育的基本规律和方法，所以佛爷也需要学习现代的教育理论和方法。①那么如何促使佛爷提高自身的素质呢？改革西双版纳傣族僧侣的晋升制度应该是一个有效的方式。

改革西双版纳傣族僧侣的晋升制度的一个核心内容就是要把僧侣寺庙教育的学业成绩作为其晋升的重要标准，并且建立一套完善而有效的学业评价体系，对要继续晋升的僧侣进行适当的考核，并严格按照考核的结果来确认其是否已经具备了晋升的资格。在此方面，同样地，缅甸的僧伽改革也有相关的经验可供借鉴。缅甸的僧伽成立了僧伽教育办公室，致力于1982年6月第一届僧伽中央工作委员会第一次全会批准的《僧伽素质水平教育计划》（Pariyatti Education Plan）的实施。这个计划得到了教育界的支持和社会人士的经济资助。到1985年，缅甸的巴利文水平考试的相关课程重新审定，并同时确定了通过巴利文考试基础后的佛学教育课程。1984年比照缅甸国内已经实行了的三级教育水平考试，确定了佛教僧伽住持的宗教知识考试制度。同年，在仰光和曼德勒，依靠社会的资金，在全国僧伽宗派委员会的推动下，成立了佛教大学。这是为已经通过了市镇一级的巴利文和佛学考试的学生的深造而创办的学校。佛教大学可以向合格的学生授予佛教学士的学位（dhammacarya）或硕士学位（mahad-hammacarya），为了与世俗教育水平取齐，佛教大学的课程设置与教学方法都是按照僧伽教育办公室的要求来安排的。在新的僧伽委员会的提倡下，缅甸又实行了一些一般人都可以参加的佛学知识考试，如"阿毗达摩水平考试"和"清净道论的水平考试"。僧伽素质教育的目标有四个：①使僧伽成员增进道德水平；②使僧伽成员真正熟悉佛教经典，常用的经典要求能够背诵；③使僧伽成员尤其青年僧人熟悉佛教经典语言，因此它特别强调对巴利文的学习；④增进尤其是青年僧人对于缅甸语言和文献的熟练掌握。为了达到这些目标，僧伽教育办公室策划了寺庙住持的训练班、地方僧伽委员会

---

① 邱开金：《傣族和尚学生教育问题研究——以云南西双版纳傣族为例》，《中国教育科研报告》2007年第2期，第61页。

官员的培训，重新审定了巴利文考试的要求、新的佛教教育课程和佛教大学的教学大纲。[①]

（三）改革传统，允许女童入寺学习

按照西双版纳傣族所信仰的南传上座部佛教的相关教规教义，傣族的寺庙只接收男童，是不允许傣族的女童入寺学习的。此外，在寺庙的各个活动场所，对傣族男女是否可以穿鞋进入，也有着不同的规定，如傣族女子在进入寺庙院门口时就必须把鞋子脱掉，而傣族男子只有在进入佛堂时，才规定必须脱掉鞋子。这些其实都是传统男尊女卑思想在南传上座部佛教中的具体反映。

当前，在本来男女不平等思想就相对比较淡薄的西双版纳地区，随着社会的发展，人们观念的更新，男女平等观念更是已经成为西双版纳地区傣族人民的共识，甚至还出现了"生儿是名，生女是福"的说法。况且，如果从寺庙教育是传承傣族传统文化的重要途径的角度而言，女童也是有传承傣族传统文化的权利和义务的。让女童入寺学习并非只是基于一种美好愿望的不切实际的空想，据都三佛爷所说，当前缅甸那边的傣族寺庙就已经允许女童入寺学习了。而且，在我国云南德宏地区的傣族寺庙教育对性别的限制也早已经有所突破。"德宏地区有少数尼姑，成为'帕毫'（白和尚）或'郎毫'（白姑娘），如瑞丽著名的姐勒金塔的住持即为'帕毫'。"[②]

当然，西双版纳傣族寺庙教育允许女童入寺学习，并非是一定要和男童们一样举行相应的大规模的正规仪式、身着僧侣服饰、吃住在寺里，成为尼姑"帕毫"，而只是要在小和尚们学习老傣文的时候跟着学习就可以了。如果是出于对维护南传上座部佛教传统教规教义的考虑，无法接受女童入寺学习，其实，只要改变寺庙教育中和尚们学习傣文的地点，在本村寺庙之外的某一个相对固定的公共场所对和尚和傣族女童进行老傣文的教学就可以了。这样既维护了南传上座部佛教的传统教规教义，也可以改变寺庙教育对傣族女性的排斥而造成的傣族女性无法承担起对傣族传统文化传承的缺憾。此外，如前文所述，

---

① 宋立道：《传统与现代：变化中的南传佛教世界》，北京：中国社会科学出版社2002年8月，第250-251页。

② 张诗亚：《祭坛与讲坛——西南民族宗教教育比较研究》，昆明：云南教育出版社2001年9月，第351页。

如果能请一些德高望重、学识渊博的"阿章"到学校担任与傣族传统文化相关课程的专职或兼职教师，其实也可以解决这个问题。

（四）扩展寺庙教育的内容

学校教育介入西双版纳地区前，寺庙教育的内容涵盖极广，不仅包括佛教的教义、教规、戒律，以及各种佛教经典，还涉及天文、历法、历史、地理、医学、法律、文学、体育，以及各种生产生活知识，因而，有学者称寺院为"傣族社会的特殊学校"[①]。现代学校教育介入西双版纳后，傣族的寺庙教育内容出现了窄化的趋势，其内容仅仅限于佛教的教义、教规、戒律，甚至连佛教经典经文的学习也只限于在各种赕佛仪式上需要诵读的经文内容。以前在学习经文前，还需要学习的老傣文的文字、句法、结构之类的知识，现在也都免除了，仅仅采用反复诵读的方法让和尚们强行记诵这些"天书"般的经文。

之所以会出现寺庙教育内容窄化的状况，一方面是由于许多佛爷自身所掌握的傣族的传统文化内容就很狭窄；另一方面是由于学校教育的介入使许多佛爷认为，现在传承傣族文化的任务已经转移到学校，由学校承担了，因此，不需要做重复劳动；此外，还有一方面是由于小和尚在寺庙里学习经文的时间因学校教育的挤占比以前大大缩短，因而，为了达到寺庙教育的最低要求，就只好采取直接让小和尚们死记硬背与日常赕佛活动相关的经文的方式，甚至出现了用汉字标注老傣文所记录的经文发音，以帮助小和尚快速记忆的现象。以上各方面的原因共同促成了西双版纳傣族寺庙教育内容窄化的状况。

然而，由于学校教育在师资、评价标准等方面存在问题，学生的多民族共校与单一民族文化传承的矛盾，以及学校教育自身受时空限制等原因，学校教育没有很好地承担起，并且也不可能独自承担起传承傣族文化的重任。因而，当前西双版纳傣族寺庙教育的内容不应该仅仅限于各种赕佛仪式上需要诵读的经文内容，同时还应把傣族的历史、地理、医学、文学，以及各种生产生活知识纳入进来，以使其再次承担起传承傣民族传统文化的重任。当然，这些都还需要提高佛爷自身素质、把和尚生的寺庙教育成绩纳入学校教育评价体系等方面改革的密切配合。

---

① 刀波：《试论南传上座部佛教对傣族教育的积极影响》，《民族教育研究》1998 年第 3 期，第 26 页。

（五）改革寺庙教育的教学方式

西双版纳傣族寺庙教育教学一直以来使用的都是反复记诵，以及在具体的情景中进行教育的教学方式。虽然这种教学方式有着教与学的双方的直接参与性、学习的生动具体性、信息接收的全方位性，以及密切的生活联系性等不容忽视的特点，并且，这些特点对于唤起强烈的宗教情感、保存有终生难忘的记忆、熟悉宗教仪式的全过程、建立与宗教情景有关的其他各方面的知识的大脑联系等方面，都具有不可低估的意义。[①]然而，这种教学方式的不足也是显而易见的。情景教学所传授的内容只能是当下的、现存的、感性的、直观的东西，而对于历史的、理性的知识的把握则明显不足。如让小和尚用反复记诵的方式来学习经文也存在同样的问题。这种方式不但学习的效率低，而且即使短时间内记诵会了，由于对其所记诵的具体内容的意义不了解，如果长期不再接触这些内容，就很容易忘记。在考察中，笔者曾问过一些还俗不到一年的傣族学生是否还记得在寺庙里学过的经文，绝大多数都说不记得了，有一部分甚至说即使拿经文让他读他也不认得了。

而学校教育的教学方式虽然也存在着诸多不足，但是，这种传授知识的教学方式及其所包含的各种具体的教学方法所产生的教学效果却是有目共睹的。西双版纳傣族寺庙教育完全可以借鉴现代学校教育中的各种具体的教学方法，把其运用到寺庙教育中，与其原有的教学方法相结合，相互补充，以提高和尚们掌握老傣文的有效性，从而为傣族传统文化的有效传承提供前提和基础。

四、西双版纳傣族学生家长要增强文化自觉意识

西双版纳傣族寺庙教育与学校教育的共生也同样离不开家庭的作用，家庭教育也是西双版纳傣族教育中极为重要的一种教育形式，当前，许多傣族的传统生产生活知识都是通过家庭教育的方式传承的。良好的家庭教育可以成为其他教育形式的重要补充，相反，不良的家庭教育则会阻碍其他教育形式作用的发挥，甚至对其他教育形式的作用起到消解作用。由于接受义务教育的孩子大多是未成年人，他们虽然对自己的未来有一定的憧憬和想法，但是，由于其生

---

① 张诗亚：《祭坛与讲坛——西南民族宗教教育比较研究》，昆明：云南教育出版社 2001 年 9 月，第214-215 页。

理和心理的不成熟，他们总是按照自己主观的想法去计划自己的未来，并且很容易受到外界因素的影响，具有极大的不稳定性，这也是许多学生，尤其是义务教育阶段学生理想多变的原因。笔者在考察中曾问过玉丙的小女儿玉光罕类似的问题，当时她正在读小学三年级。第一次见到她时，问她的理想是什么，她回答说是当空姐。而时隔一个月后，再次考察时，再问她理想还是当空姐吗？她说：不是，要当律师。问她为什么不想当空姐了。她回答说："因为前段时间看了一个关于律师的电视剧，觉得当律师挺好的，所以就改变主意了。"由此可见，儿童的想法很容易受外界因素的影响，而作为与其朝夕相处的父母的影响就更为直接了。父母对一些事物的认识和人生态度，对子女有直接的影响作用。

笔者在考察中当问及学生家长对孩子上学持什么态度时，绝大多数的回答都是："随便他们自己啦，想学就会学好，不想学也管不了。"但是，通过对学生的访谈可以看出，有许多傣族学生在初中毕业后不愿意升学，甚至连升学考试都不愿意参加，其中一个重要原因就是家长不支持。并且，有相当一部分认为"读书无用"的学生，其"读书无用"的观念都来自家长。他们说，他们在家经常听爸妈举一些相关的例子，比如哪个村的某某人读了大学也找不到工作，钱也花了，还不如早在家种地或外出打工之类的。虽然说如果他们个人坚持要继续升学，绝大多数父母都不会反对，但也绝对不会积极支持的。

有位老师也曾反映过类似的情况，他说他所带的班级有一个傣族女学生，学习成绩特别好，但是就是不参加升学考试。他去做这个学生的思想工作，问她为什么不愿意升学。她说，她父母不希望她继续读书，因为读书没有用，即使以后考上大学，国家不包工，也找不到工作。这位老师还是继续劝她参加升学考试，继续读书。这位学生最后说："只要你能劝动我爸妈，我就考。"最终，这位老师也没能劝动学生的家长。说起此事，这位老师的言语间透露着惋惜之情。

当问及傣族学生家长对待家中男孩入寺当和尚的态度时，许多家长也表示："随便孩子自己，他们若愿意去就去，不愿意也就算了。"这种对待寺庙教育的消极态度，除了寺庙自身神圣性的弱化和管理的松散等方面的原因之外，家长对男孩当和尚的花费的考虑也是一个重要方面。如前文曾讲到的，在国道214公路旁开小吃店那对傣族夫妇，就是考虑到"升和尚"的花销太大，所以在让大儿子入寺当和尚之后，就没有再让二儿子"升和尚"了。而当问及傣族学生家长，如果不让自己的孩子入寺当和尚，是否会担心他们的傣民族文化会逐渐消失时，他们也都表示，没有想过那么多，顺其自然就行了。

　　寺庙教育在一定程度上满足了傣族人民民族认同和一些当前利益的需要，而学校教育又与傣族地区人民生产生活的实际相脱离，加之其教育效果的滞后性，使得许多傣族学生的家长看不到学校教育与自己的切身利益有何相关性，以至于在现实中看到一些"读了大学仍然找不到工作"的现象后，便产生了"读书无用"的思想，从而对学校教育产生了抵触情绪，并在日常生活中将这种思想有意无意地传播到孩子的心中。有个别家长甚至直言不讳地说："当和尚还能得到功德，为自己和家人祈福，到学校学习，不仅无法挣钱，还要花钱，学完了又用不上，不划算。"正是基于这种对眼前既得利益的考虑，相对而言，如果非要二者选其一的话，许多傣族学生家长宁愿让自家的男孩子到寺庙里接受寺庙教育，也不会首先选择学校教育。在考察中，自身就是傣族人的岩龙老师也认为他们傣族人普遍只考虑眼前利益，看得不长远：

　　　　我们许多傣族人觉得自己的生活过得比较充裕，不愁吃、不愁穿，就不想继续读下去，因为读下去也找不到工作，国家不包分工，他们就觉得读了也是白读，就是觉得要完成义务教育就完了，大部分都是这些想法。因为读不读书回家还是结婚、生子、种地，当老板的也有。理想方面没有别的民族那么远大，眼光太短……傣族人也有局限性，改变不了，比较安于现状，觉得吃饱了、穿暖了就不想再去追求什么，反正目光很短浅了。以前傣族人都认为我们西双版纳是最大的了。内地人来，傣族人还问他们：中国比西双版纳大吗？井底之蛙，看到的范围太小了，他不想到外面去看看，看看外面的世界有多大，别人的生活怎么样。不想去参考、参照，很保守，太保守了。

　　此外，曼罗九义学校的Z校长也曾表达过类似的观点，并举了一个关于曼短佛寺[①]的例子：

---

　　①　曼短佛寺，傣语称为"瓦拉扎探"。据史籍记载，此佛寺始建于公元950年，是小乘佛教传入后建的最早佛寺之一。而现存大殿建筑是明清时期的建筑物。佛寺整体由大殿、戒堂、彭房、僧舍、佛塔和"窝苏"（八角亭）等建筑群组成。主体建筑大殿阔4间，宽约10米，深8间，长约18米。大殿是抬梁、穿斗结合的梁架结构，重檐歇山式屋顶，上下两檐都是五面坡。平面布局不用檐柱，四面偏厦是墙抬梁，墙体与檐口间设有斜撑。殿内外的构件上均有龙、凤、花卉等图案的雕刻装饰，形象逼真，原始古朴。曼短佛寺的建筑造型和装饰艺术集中地体现了傣族古代建筑技术和历史文化的精华，1993年被列为云南省重点文物保护单位。

　　以前，大概在 20 世纪 90 年代初的样子，我们这里的曼短村有个佛寺，据说是很古老、很有价值的，被评为保护文物。曼短村的村民觉得这个有利可图，就花费了一些钱把它弄成了旅游景点，当时很是热闹了一番，来参观的人也非常多。曼短村的村民就在佛寺旁边弄了一些烧烤，摆了一些摊位，卖一些旅游纪念品，他们村和周边村里的一些姑娘也都通过和游人拍照赚钱。当时还是很红火的。一个女孩只是和游人照相一个月就能赚个两三千块，在那个时候，两千多块是很多的了。当时，许多傣族人家看到这样也能赚钱就不让自己家的女孩子去上学了，许多傣族女学生看到有些伙伴能赚这么多也不愿意上学，就都辍学赚钱去了。刚开始也还行，可是没有过几年不知道什么原因，就不行了，最后就垮掉了。这些女孩子就没有钱赚了，由于没有上完初中，没有文凭，到外地打工也不行，就只好回家种地来了。其实种地也没有什么不好，只不过目光太短浅了，看到什么有利可图就什么也不管了，考虑没有那么长远。

　　目前，仍可以看到曼短佛寺的围墙外仍然保留着当年搞旅游时搭建起来的简易的砖房和卖烧烤、纪念品的摊点（图 5-2），但是，佛寺里已经十分萧条了，根本没有人去参观，而且笔者在考察期间曾多次到曼短佛寺，在此期间，竟然未在佛寺里遇到过一个和尚或游客。

图 5-2　曼短佛寺外被废弃了的简易摊点

　　西双版纳傣族佛寺功能的日益世俗化及赕佛目的的日渐功利化，也表明傣族是一个十分灵活、讲究实惠的民族。其实，讲实惠、注重眼前利益并不是不好，强调注重长远利益并不是要让西双版纳傣族人民放弃眼前利益，因为不注重眼前利益，地区和人民的长远利益也就失去了保障，成了空谈，但是，如果一味地强调眼前利益，而缺乏远见，看不到长远的利益，最终也会导致本地区和人民眼前利益的损害。

学校教育虽然在某些方面存在自身无法避免的局限性，但是，当前学校教育存在的诸多问题并非学校教育自身的局限性所致，而是由于各方面措施的完善程度不够造成的，这些是可以通过相关改革加以消除的。并且，不可否认的是，当前的学校教育从整体上还是有利于学生的身心发展的，而且符合学生长远发展的需要，同时也符合傣族人民和社会发展的需要。随着社会的发展，人口流动性的加强，西双版纳傣族人民不可能只待在本地区，也会逐渐向别的地区流动，即便不是如此，其他地区的人口也会流入西双版纳地区。如此一来，西双版纳傣族人独享的优越的生存环境必定会受到外来人口的冲击。因而，仅仅依靠保住眼前的利益是不利于西双版纳傣族人与社会的长远发展的。这就需要各相关部门在满足西双版纳傣族人与社会当前合理利益的基础上，对其进行引导，尤其是对傣族学生家长进行引导，引导其从长远的角度来考虑孩子的生存和发展，认识到学校教育在其长远的生存和发展中的重要作用。

同时，还应该增强西双版纳傣族学生家长的文化自觉意识。所谓文化自觉就是指"生活在一定文化中的人对其文化有'自知之明'，明白它的来历、形成的过程，所具有的特色和它的发展趋向，自知之明是为了加强对文化转型的自主能力，取得适应新环境、新时代文化选择的自主地位"[①]。同时，"'文化自觉'的含义应该包括对自身文明和他人文明的反思，对自身的反思往往有助于理解不同文明之间的关系。因为世界上不论哪种文明，无不由多个族群的不同文化融会而成。尽管我们在这些族群的远古神话里可以看到他们不约而同地在强调自己文化的'纯正性'，但严肃的学术研究表明，各种文明几乎无一例

---

① 费孝通：《我为什么主张"文化自觉"》，《北京日报》2003年8月25日，第3版。

外是以'多元一体'这样一个基本形态构建而成的"①。之所以要对自己的文化进行反思,以有"自知之明",是因为,"这样,人们就会更理智一些,从而摆脱各种无意义的冲动和盲目的举动"②。

当前,傣族人民多从当前利益来考虑寺庙教育,并以此来作为是否让自己的孩子入寺当和尚的标准,具有很强的功利性,而缺乏一种文化自觉意识。傣族人民的生活与南传上座部佛教息息相关,寺庙教育的存在有其必要性和必然性。如果傣族人不再送自己的孩子入寺学习老傣文,傣族文化的根也就断了,那么傣族的文化就有传承中断的危险。同时,与之相联系的各种政治、经济、文化结构也将发生根本性的转变。随着社会的发展,文化的变迁是不可避免的,但是,理想中的文化变迁应是一种正向发展的状态,是对优秀传统文化的传承和发扬光大。只有以一种理性的文化自觉的态度来审视文化的变迁,才能使其朝着积极的方向发展,否则,就会因为一时利益的蒙蔽而忽视了长远发展,从而造成文化中许多积极因素的消亡。因而,合理引导西双版纳傣族学生家长对其自身及子女长远利益的考虑,增强文化自觉意识,也是保障西双版纳傣族寺庙教育与学校教育共生的一个重要环节。

虽然在对西双版纳傣族寺庙教育与学校教育对立冲突的应对策略进行论述时,将各种对策划分为政府管理部门层面、学校层面、寺庙层面和家庭层面等几个方面,但是,实际上,各层面对西双版纳傣族寺庙教育与学校教育的作用并不是各自为政、孤立的、单独发挥作用的,而是在相互尊重、相互适应、相互补充、相互促进的共建原则上,共同作用于寺庙教育与学校教育,从而实现两者的共生。

---

① 费孝通:《"美美与共"和人类文明》,《新华文摘》2005年第8期,第15页。在这里也许是费老的口误,费老在对文化自觉的含义进行阐述的时候,混淆了"文化"和"文明"两个不同的概念。一般而言,文明是从不同的文化中抽离出来的具同质性的特征的集合,是比文化更高层面的定义。同一个文明之下可以有不同的文化形态。比如,埃及文明、玛雅文明、中华文明等对"文明"概念的应用就充分体现了这一点。中华文明绝不是指一种文化,而是涵盖了所有具有中华文明特征的各种具体的文化形态。在此处引用费老的话是在把其原话中的"文明"转化成"文化"的基础上加以理解、应用的。

② 费孝通:《"美美与共"和人类文明》,《新华文摘》2005年第8期,第13页。

第六章

结　语

　　我国是一个多民族国家，每个民族都有自己独特的生产生活方式，在此基础上的传统教育形态也呈现出多样性特征。这些传统教育形态曾有效地承担起了传承本民族文化，促进当地人与社会发展的重任。然而，当前却出现了对各民族传统教育形态忽略和无视的状况，这造成了现实中的诸多问题，尤其体现在民族传统文化的有效传承上。面对这一问题，相关部门也采取了将民族文化编入校本课程或地方课程的具体措施，但是，仅仅在学校教育中寻求民族文化传承出路的做法，不但没有意识到学校教育传承民族文化的有限性，也没有意识到民族文化的传承不仅是相关知识的传承，更应该是一种"活态文化"的传承，因此，民族文化只有在长期历史过程中形成的适应其生产生活方式的"化无形于日常"的传统教育形态中才能够保持活力，并实现有效传承。与此同时，现代学校教育在传播现代科学知识，促进人与社会发展方面的巨大作用也是有目共睹的，两者缺一不可。因而，在民族地区只有保持学校教育和该地区传统教育形态间的共生，才能发挥各自的优势，互相补充，也才能找到民族文化有效传承和实现现代化的融合点和超越点（图6-1）。

　　本书所重点考察的西双版纳傣族寺庙教育与学校教育间的对立冲突，只不过是我国众多民族地区少数民族原有教育形态和现代学校教育关系的一个具体体现。笔者通过对西双版纳傣族地区地理地貌、气候条件、政治、经济、文化、教育的全面考察和深入分析发现：西双版纳傣族寺庙教育作为一种特殊的

图 6-1　学校（左）与寺庙（右）

注：曼勐养村的学校与寺庙仅相隔一条乡间小路

教育形态，其产生有其必然性。西双版纳傣族地区独特的自然、地理、气候环境，造就了西双版纳傣族地区优越的生存环境，这种优越的生存环境又为其农耕文化的形成奠定了基础；农耕文化的特点与外来传入的南传上座部佛教在教义上的一致性使得南传上座部佛教在经历了一个"傣族化"和"化傣族"的过程后，在当时统治阶级的支持下，形成了西双版纳傣族全民信教的状态；在长期的历史过程中，西双版纳傣族的寺庙教育逐渐承担起对傣族传统文化进行整合和传承的重任；南传上座部佛教也与傣族人民的生产生活日益结合，成为傣族文化中不可分割的一部分。然而，现代学校教育的介入打破了西双版纳傣族文化传承的原有秩序，并造成了与傣族寺庙教育在生源、时间、内容、价值观等多方面的冲突。而造成两者对立冲突的原因是多方面的：西双版纳傣族经济上的优势所带来的文化自信使他们产生对他文化的排斥心理；相关部门所制定的旨在解决两者对立冲突的相关政策有往学校教育"一边倒"的倾向；学校教育在传承民族文化方面有自身不可避免的局限性；西双版纳傣族地区的学校教育内容脱离当地人民生产生活的实际，没有适应当地人民的需要，出现"读书无用论"；寺庙教育世俗化和管理上松散；等等。

　　虽然随着社会的发展、文化的变迁，人们对佛教的认识更趋于理性化，寺庙教育日益沿着世俗化的方向发展，并出现了部分傣族男童不再进入寺庙当和尚接受寺庙教育的状况，但是，这些都不能作为否认南传上座部佛教仍然与广大傣族人民生活有着密切的联系，是其日常生活不可或缺的一个重要组成部分的依据。其实，只要充分意识到了文化的相对独立性，就可以理解，即使在西双版纳傣族社会处于转型期的当前，传统的农耕生产生活方式正受到城市化的冲击，社会各方面都发生着巨大的变化，寺庙教育仍然有其存在的必然性和必要性。而学校教育在人与社会发展中的作用及其存在的必要性更是不必多说。既然西双版纳傣族寺庙教育与学校教育都有其存在的必要性和必然性；而两者间的对立冲突有些是可以通过政策的调整、理论的完善、学校教育与寺庙教育内部的改革来实现的；两者自身所存在的无法避免的缺陷又可以通过双方的优势互补来弥补，那么，建立在相互尊重、相互适应、相互补充、相互促进的共建原则基础上的共生理念则理应成为解决西双版纳傣族寺庙教育与学校教育对立冲突的主要途径。

所谓共生理念，主要是指在相互尊重、相互适应、相互补充、相互促进的共建原则下，事物内部诸要素之间及事物与事物之间形成的一种最佳结构关系和存在状态。在这一理念的指导下，针对西双版纳傣族寺庙教育与学校教育冲突的具体问题，本书从政府管理部门、学校、寺庙、家庭等各个层面提出了一些针对性的策略。在政府管理部门层面，要求负责寺庙教育和学校教育的两个不同的管理部门在制定与两者相关的政策时，要在共生理念的指导下，对两者的发展进行统筹规划；在学校层面，学校也要在共生理念的指导下，对自身在管理、教师、课程等诸方面所存在的问题进行相应的改革；同样，在寺庙层面，寺庙也要在共生理念的指导下，在管理制度、晋升制度、佛爷素质、禁止女童入寺学习、教学方式等方面进行相应的改革；在家庭层面，学生家长也需要转变观念，提升对本民族文化自觉意识的培养。以上这些策略都不是单独发挥作用的，而是共同作用于西双版纳傣族寺庙教育与学校教育，才能最终实现两者的共生。

笔者通过对西双版纳傣族寺庙教育与学校教育的实地考察和民族地区多种教育形态共生理论的研究，充分体会到民族地区的教育不仅具有一般教育的共性，还有其特殊性。民族地区在经济、文化、地理环境等方面与非民族地区存在着一定的差异，致使民族教育呈现出某些方面的独特性。这也使得在进行民族教育研究时，会遇到一般的教育研究所没有的问题。对民族地区与非民族地区教育间差异性的关注，有助于在研究中找出具体的问题，并提出有针对性的

解决措施。但是，在民族教育研究领域，许多研究者在进行研究时，为了凸显问题的重要性，往往会过分强调，甚至夸大民族教育的特殊性，从而使得相关研究走入了一个极端。具体体现在以下几个方面①：

首先，民族教育研究中的文化单因素决定论倾向。独特的文化是一个民族区别于另一个民族的重要标志。在教育和政治、经济、文化关系的研究上，以往的相关研究过多地集中在政治、经济对教育的影响方面，对文化与教育之间的关系认识不足，这是不对的。但是，如果走向另一个极端，过分强调文化单因素对教育的影响作用，甚至把文化对教育的影响无限夸大，认为一切问题最终都可以从文化和价值观层面找到根本答案，同样是错误的。

一般而言，一提及教育发展的社会制约因素，许多学者都会不假思索地回答：政治、经济、文化。之所以如此，是因为这三个因素几乎囊括了社会影响的各个方面和层面。然而，在真正着手研究时，许多研究者却抛弃了这三个要素的全面分析，仅仅从其中的一个层面进行研究，具体体现在民族教育研究中，就是仅从民族文化差异方面对民族教育中存在的各类问题进行分析，似乎民族地区的教育中存在的各种问题都是文化的差异造成的。②如果说在民族教育研究中存在着"文化差异是个筐，什么都可以往里装"的现象，实不为过。

众所周知，因素分析法是自然科学研究中常用的方法，按照变量的不同可分为单因素分析和多因素分析。其中，单因素分析主要是通过把实验分析的变量控制在一个，以便检测出这个变量是不是导致观测结果的诱因；而多因素分析则是变量在两个以上，研究多个变量相互之间，以及多个变量与结果之间的关系的方法。后来因素分析法也被借鉴用于人文社会科学研究工作，并取得了值得肯定的成效。然而，对于教育问题研究而言，由于教育活动开展的环境不同于自然科学的实验室，虽然在研究的过程中可以通过控制各种变量的方式对教育研究的环境加以控制，但是，依靠这些方法得出的结论却很难有效地应用

---

① 部分内容经整理后发表，具体参见陈荟：《当前我国民族教育研究若干方法论倾向审思》，《当代教育与文化》2015 年第 2 期，第 31-35 页。

② 陶格斯：《文化差异与民族学生学业质量——基于云南省德宏州那目傣族地区农村小学的田野调查与理论研究》，中央民族大学博士学位论文 2011 年 6 月；李德建：《文化差异与民族地区学生低学业成就分析》，《贵州民族学院学报（哲学社会科学版）》，2010 年第 4 期，第 18-21 页；罗吉华：《文化差异与西部民族地区学校教育的发展困境和变革》，《民族教育研究》2011 年第 1 期，第 15-19 页。

于实际问题的解决，也就是说有时候在单因素分析中的有效变量，在多因素中就无效了。这是因为绝大多数社会问题都是多因素综合作用的结果，许多变量是无法控制的，因而，对人文社会科学而言，在对变量加以控制的研究中得出的因果关系，在现实中却难以形成一一对应的关系，甚至会出现研究结论在现实中无效的情况，更遑论按照研究者提出的对策加以实施的问题。这也是人文社会科学研究的复杂性所在。

笔者曾对西双版纳傣族学生的学习态度进行过较为深入的实地考察，在考察中发现与当地的汉族学生相比较而言，绝大多数傣族学生对待学校教育的态度十分消极。为了弄清这一现象的成因，笔者曾从政治、经济、文化各个层面进行过分析：首先，从政策层面考虑，我国对民族教育一直坚持优惠政策，少数民族学生在学习、生活和升学考试上享有比汉族学生更多的优惠措施，这些优惠政策应该对少数民族学生的学习具有激励作用，因此，我国的民族教育政策不但不应该抑制傣族学生的学习积极性，相反，还应有助于其学习积极性的提高；其次，从经济层面来看，西双版纳傣族是一个经济富裕的民族，某些民族地区存在的"因贫辍学"和"因学致贫"而导致学生产生消极学习态度的问题也不存在；如此一来，就只剩下文化因素了——傣族全民信仰南传上座部佛教，寺庙教育是傣族传统的教育形态，它与学校教育代表着两种不同的文化，寺庙教育代表的是具有地域性的、非主流的某一民族的文化，而学校教育代表的则是国家的、主流的文化。从这一点来看，西双版纳傣族学生消极学习态度的成因似乎就可以定位在文化差异上。而最初的考察也似乎证明了这一推论：相对而言，与学校教育所代表的主流文化相一致的该地区汉族学生的学习积极性更高，家长对孩子上学的态度也十分积极；而代表着具有地域性的、非主流的傣族文化的傣族学生和家长对学校教育的态度则相反，并且，相比较而言，他们接受代表傣族文化的寺庙教育的积极性更高。据此，似乎已经可以得出结论：文化差异是导致西双版纳傣族学生消极学习态度的根本原因。但是，通过进一步考察和比较分析就会发现这一推论是错误的。通过对西双版纳地区汉族学生和家长的访谈得知，汉族学生和家长对学校教育的积极性之所以较高，其原因是当地的汉族学生多为外来打工人员的子女，在当地没有土地，只靠打工、做生意过活，相对于傣族来说，生活十分艰辛，因而，家长希望孩子通过考大学来摆脱当前的生存困境。而傣族学生的家庭条件普遍较为富裕，大多拥有大片的橡胶林和其他适合经济作物生长的土地，传统的耕作方式不需要太多的科学知识和较高的技术水平，他们没有通过学校教育改变生活条件的需求，所以，学习积极性不高。因此，导致西双版纳傣族学生消极学习态度的最终原因恰恰是其富裕的经济条件。而同样与学校教育所代表的主流文化不一致的西双版纳哈尼族学生和家长对待学校教育的积极态度也印证了这一结论。西双版纳哈尼族也是世居于此的一个民族，然而，虽然同在西双版纳地区，由于历史原因，他们并没有像傣族那样占据西双版纳土地最为肥沃的坝区，而是居住在海拔较高的山区，那里的生存条件相对恶劣，生活艰难。因此，他们对子女的学校教育也持积极的态度，希望子女通过上学摆脱目前的生存困境。并且，我国西南许多民族地区都是多民族杂居区，但是这些地区的少数民族由于文化间的不同而导致冲突的案例极为稀少，这也充分说明了文化的差异并不是导致相应问题的必然因素。

当然，不要过分地夸大文化因素对教育的影响，这并不是对文化对教育影响作用的否定，文化间的冲突而导致的教育问题的确存在，之所以要强调避免文化单因素决定论，是希望民族教育研究者在分析相关问题时，避免把文化因素从复杂的影响因素中剥离出来，仅从文化的角度对教育问题进行分析，因为如此一来，就不可能从根本上找到问题存在的根源，也不能得出有效的结论，无助于问题的有效解决。总之，在对民族教育问题进行研究时，一定要摒弃有差异就必然产生问题的固定思维，避免文化单因素决定论，要从实际出发，从多个层面、多角度进行综合考察、分析，只有如此，才能找到问题产生的根源，为提出有效的解决途径提供前提条件。

其次，民族教育研究中的文化相对主义倾向。对教育问题的研究，尤其是对有别于研究者的"他文化"状态下的民族教育问题的研究，由于存在文化上的差异，对一些现象的认识可能存在着较大差异。如果此时用研究者自身所处文化的价值观来认识和分析"他文化"的某些内容，极有可能会产生误解，甚至形成完全错误的结论。针对这一问题，许多学者提出了在对"他文化"的研究中，首先要深入到研究对象的日常生活中，深入了解他们的文化，并站在研究对象的立场（主位立场）来理解他们的各种观念和行为方式。这种观点当然是正确的，因为只有站在研究对象的立场才能够真正理解其各种观念和行为方式形成的原因，才能对其文化有全面而客观的把握，也才能找到问题出现的根源。但是，"理解"并不意味着赞同。如果一味地站在主位立场研究问题，那么任何问题的存在似乎都有其合理性，如此一来，也就没有是非对错之分了，更无法对其进行评判，这就必定会走向文化相对主义的极端。

文化相对主义的代表人物梅尔维尔·赫斯科维茨也曾指出："文化相对主义的核心是尊重差别并要求相互尊重的一种社会训练，它强调多种生活方式的价值，这种强调以寻求理解与和谐共处为目的，而不去批判甚至摧毁那些不与自己原有文化相吻合的东西。"[①]文化具有相对性，这是一个不可否认的事实，因为一个民族形成什么样的文化并不是随意的，而是受自然环境、生产生活方式，以及各种制度制约的，有自己独特的评判标准，其价值的判定来自本民族在长期的生产生活中产生的需要，是各族人民适应自身生存的自然和社会环境的结果，因此，文化是多元的、平等的、相对的存在，没有高级、低级之分，更不能笼统地说某种文化比另一种文化更先进。但是，文化相对主义过分地强调民族文化是一个地域的范畴，强调文化的相对性、极端本土性，甚至于不可交流、不可理解、不可通约，这就使文化相对主义走到了一个极端。不同的文化间并非只存在着差异，也有一些普遍的、共性的方面，这源于创造了文化的人的共性。而文化相对主义片面地强调了文化的相对性，却完全否定文化所具有的普遍性和共性，这当然是错误的。

文化相对主义以强调文化的差异性来捍卫和弘扬本民族的文化传统应该说是值得称颂的，然而，一旦将这种观念情绪化，就会因过分地强调本民族文化的优越性，而忽略其可能存在的不足，从而在研究中把对民族文化个性的寻求转化为对他文化的排斥，把对差异性的考察演变为对立依据的探寻，并由此走向封闭、孤立的文化保守主义。[②]由于我国少数民族文化相对于占主导地位的主流文化而言，往往处于弱势地位，而主流文化又常以代表国家的姿态加以推行，在这种状况下，许多少数民族的文化很容易被主流文化同化而消失，因而，对少数民族文化的保护是必要的。但是，对少数民族文化的保护并不是要使其静止不变、故步自封，更不是要使其恢复到许多典籍所记载的"经典"状

① 〔美〕梅尔维尔·赫斯科维茨：《文化相对主义：多元文化观》，纽约：蓝天出版社，1972 年版，第 32-33 页，转引自申明：《论大学文化氛围感应与营造》，《江苏高教》2008 年第 4 期，第 92-95 页。
② 陈涵平：《文化相对主义在比较文学中的悖论性处境》，《外国文学研究》2003 年第 4 期，第 135-140 页。

态中去。由于文化自身的复杂性,一种文化从整体上而言很难做出先进和落后的区分,但是,不可否认的是,每种文化的内部都存在着积极因素和消极因素,而其区分的标准就是是否有利于人与社会生存和发展的需要。这里的需要一定是原生的、内源式①的需要,而非外部强加的。既然文化有了消极因素和积极因素的划分标准,那么在对"他文化"的研究中,就不仅仅要站在主位立场对研究对象进行深入了解,以便尽可能地逼近所考察地区生产生活等各方面的真实,确保结论的真实性和有效性;同时,还要从主位立场中走出来,依据是否有利于人与社会生存和发展需要的标准,站到客位立场来对"他文化"进行分析。当然,作为有着自身文化背景的研究者,要让其彻底地站到客位立场来分析问题是很难的,在研究中,研究者或多或少都会把自己所处文化的各种价值观带入整个研究过程中,这是不可避免。因而,在研究中,研究者只能尽可能地采取各种有效的方法来避免主观介入,以确保研究结论的真实有效;同时,也要明确:绝对的客位立场和绝对的客观在事实上都是不存在的,只有如此,我们才能更为理性地对待民族教育研究中对"他文化"的研究。

最后,民族教育研究中的地理环境决定论倾向。地理环境决定论认为人类的身心特征、民族特性、社会组织、文化发展等都是受自然环境,特别是气候条件支配的。这一理论萌芽于古希腊时代,当时的哲学家希波格拉底就在《论环境》一书中通过研究气候季节变化对人的肉体和心灵的影响,得出了"人的性格和智慧是由气候决定"②的结论。亚里士多德也认为地理位置、气候、土壤等影响个别民族特性与社会性质,其观点后经孟德斯鸠的发挥,扩展到不同气候的特殊性对各民族生理、心理、气质、宗教信仰、政治制度的决定性作用,认为"气候王国才是一切王国的第一位","炎热国家的人民就像老头子一样怯懦,而寒冷国家的人民则像青年人一样勇敢","热带地区气候炎热、身体疲惫,没有勇气,所以奴性重,通常为专制主义所笼罩。寒带人体质和精神能从事

---

① 内源式的需要,是借用内源式发展的概念而来的。内源式发展是指"在形式上,发展应该是从内部产生的;在目的上,发展应该是为人服务的。""每个社会都应该根据本身的文化特征,根据本身的思想和行动结构,找出自己的发展类型和方式。有多少社会,就应有多少发展蓝图和发展模式。共同适用的统一发展模式是不存在的。"具体内容参见联合国教育、科学及文化组织:《内源发展战略》,北京:社会科学文献出版社1988年11月版,第2页。

② 海山:《关于人地关系实质问题的主要理论》,《内蒙古师大学报(哲学社会科学版)》2001年第2期,第7-10页。

长久、艰苦、宏伟和勇敢的活动，保持政治自由，所以欧洲多民主政体"。①

根据这一理论，在民族教育研究中，当涉及民族文化问题时，许多研究者都会将各种文化现象与该民族所处的地理环境联系起来，甚至将地理环境作为决定性的因素。如有的研究者通过对贵州高原少数民族传统生育文化形成的考察，认为贵州地理环境的特殊性，使民族传统生育文化积淀很深，影响和支配着人们的生育意愿和行为规范，导致了少数民族人口出现增长较快、生育水平偏高、早婚早育等问题，给贵州及民族地区经济社会发展和生态环境带来了较大压力②；有的研究者还认为我国辽阔的疆域和复杂多样的地理条件决定了中华民族的多元起源和多民族长期共存的格局，并使得中华民族及其文化既表现为多元、多区域、多中心不平衡发展，又呈现出多元、多区域、多中心文化向中原文化内向汇集和中原文化向四周辐射的特点。③

的确，一个民族文化的价值观、思维方式和风俗习惯等最初都与其所生存地区的地理、地貌、气候特征有着密切的联系，甚至在某些方面是由其决定的。正如有的学者所说：谁都无法否认地理环境在文化形成的最初时期曾经起到的决定性作用，"否则根本无法解释为什么最早的人类文明都诞生在地势低平、降雨量充沛的大河流域，如埃及的尼罗河流域、西亚的两河流域、东亚的黄河流域和南亚的印度河流域，也无法解释为什么这些最早的人类文明都诞生在北纬23度至38度之间，更无法解释为什么即便在当今这个生产率高出古代成千上万倍的'后工业'信息时代（而非在生产力水平低下、交通不便的古代），世界人口的绝大多数也仍然集中在地势低平、适合农耕的地区"④。

但是，文化一旦产生便具有了相对独立性。德国人类文化哲学的代表人物卡西尔在其代表性著作《人论》中所表达的核心观点——人创造了符号，符号又反过来创造了人，就是对文化相对独立性的最好阐述。文化的相对独立性，使得文化可以脱离其所赖以产生的地理环境而实现文化的交流、融合与变迁（图6-2）。如今，根本不可能找到一种纯而又纯的文化。由于时空的变化、主

① 〔法〕孟德斯鸠：《论法的精神（上册）》，张雁深译，北京：商务印书馆1995年4月，第227-230页。

② 李旭东，张善余：《贵州高原少数民族传统生育文化生成的地理背景——从地理环境与文化生成的角度阐述》，《西北人口》2007年第3期，第88-92页。

③ 郭家骥：《地理环境与民族关系》，《贵州民族研究》2008年第2期，第74-83页。

④ 阮炜：《地缘文明》，上海：上海三联书店2006年6月，第274页。

体的流动，以及电视、网络、广播、报纸等大众媒体的普及，各种文化间的交流、融合不可避免，并且，这也是文化发展的主要趋势（图6-3）。但是文化的融合并不等于一种文化消灭另一种文化，而是不同文化在动态的、相互的作用中实现文化的互补性发展。过分地强调文化的地理环境决定论不但不利于文化的保存，相反，还可能为了保持这种静止的、"经典"的文化状态而走向故步自封的文化保守主义，从而加速文化的消亡，因为文化的生存活力正在于文化的不断变迁之中。正如美国学者赛义德所说：

图 6-2　西双版纳的汉族人仍保留着贴春联的习俗

图 6-3　傣族人家的多宝格装饰是典型的汉式风格

　　一切文化都你中有我，我中有你，没有任何一种文化是孤立单纯的，所有的文化都是杂交性的、混成的，内部千差万别的……一切文化的历史都是文化借鉴的历史，文化不是什么密不透风的东西。①

---

　　① 〔美〕赛义德：《赛义德自选集》，谢少波，韩刚等译，北京：中国社会科学出版社 1999 年 8 月，第179，276 页。

总而言之，在民族教育研究中，如果一味地强调文化间的共性和普遍性，就会失去民族的鲜明个性；同样，如果无原则地坚持文化单因素决定论、文化相对主义和地理环境决定论，一味地追求文化的差异性和稳定性，虽然保持了民族的个性，却可能会失去民族生存发展的活力，从而加速其消亡的进程，文化的发展正是建立在不断变动的基础之上。因而，只有从政治、经济、文化各层面对民族教育问题进行全面分析，坚持主位立场与客位立场相结合，用发展的眼光看待民族文化的原则，才能纠正当前民族教育领域相关研究中存在的错误倾向，也才能够找到民族教育中存在的真正问题，并提出有针对性的解决措施，也才能够使我国的民族教育和文化得到健康而长足的发展。

需要特别指出的是，本书没有遵循一般的研究逻辑，致力于在共生理念的基础上提出相应的模式，而只是提出了一个解决问题的理念和基本原则，并在此指导下针对具体问题，提出了一些具体的、有针对性的解决问题的策略。之所以如此，是因为民族地区的教育问题涉及的因素极为复杂，不同地区的教育问题绝不是可以通过某种统一的模式就可以解决的；即使在同一地区，"不同时期的同一民族"和"同一时期的不同民族"的教育问题也是不尽相同的，因而，不能企图通过某种固定的模式来一劳永逸地解决所有的民族教育问题，只是期望研究中所提出的处理不同教育形态之间关系的理念、原则和策略能为类似地区提供参考借鉴，为民族地区处理学校教育与其他教育形态间的关系提供一种范例。若能如此，余愿足矣。

后记

　　本书是在本人的博士学位论文的基础上，经多项研究经费的资助考察，才得以完稿的。自动笔至今，细细算来已整整十年。十年间，也有诸多出版的机会，但是，每有出版的念头，都唯恐书中存有诸多不成熟，甚至谬误之处，以致贻笑大方，所以一再拖延。但，思想的完善是没有尽头的，即便经历了十年的思考和打磨，书中仍有诸多值得商榷之处。俗语说：丑媳妇总要见公婆。学术研究不能惧怕批评，更不能处处"藏拙"，而是要勇于"露拙"，唯有如此，才能在批评中"去拙"，也才能实现真正的学术"成长"。如今，终于下定决心将拙作付梓出版，也是不避浅陋，以就教于方家。

　　任何一个学术观点的探讨都必须建立在前人思考和实践的基础上，本书也不例外。本书在写作的过程中参考和引用了诸多学者的观点和论述，限于篇幅无法一一列出，在此一并表示诚挚的谢意！在西双版纳实地考察期间，本人还受到了诸多教育管理部门、教师、佛爷、阿章、和尚，以及傣族村寨村民的支持和帮助，感谢他们对我冒昧言行的理解和宽容！

　　西双版纳傣族寺庙教育与学校教育共生问题看似针对性强、涉及范围小，实际上，这一问题也具有普遍性，在许多民族地区都存在类似的状况，只不过在具体的表现形式上有所差别。在本书的写作过程中，深感这一问题还需进一步思考和研究。衷心期望各位专家学者予以批评指正。

陈　荟

2018 年 7 月 6 日